Nettere Einlese-Geschichten als diese kann man sich gar nicht vorstellen.

Einlesen? Wo hinein?

Ins Italienische. Die Sprache ist einfach, die Inhalte sind vergnüglich.

Vergnüglich wohl nur für Kinder?

Jeder, der mal sechs, neun, zwölf, fünfzehn Jahre alt war, ist das doch irgendwie immer noch oder immer mal wieder, spaßeshalber. Also: vergnüglich für Italienisch lernende Kindsköpfe jedes Alters.

Eher albern oder eher witzig?

Von albern bis witzig. Von Nonsens bis Satire. Von Klamauk bis Parabel.

Und auf welchem Niveau?

Oh – nimm und lies! Du wirst feststellen: Rodaris «Märchen aus der Schreibmaschine» sind die nettesten Geschichten zum Einlesen in die Literatur.

dtv zweisprachig · Edition Langewiesche-Brandt

GIANNI RODARI

FIABE FATTE A MACCHINA

MÄRCHEN AUS DER SCHREIBMASCHINE

Auswahl und Übersetzung von Ina Martens
Illustrationen von Louise Oldenbourg

Deutscher Taschenbuch Verlag

Deutsche Erstausgabe
1. Auflage Januar 1997
© Edizioni E. Elle S.r.l., Trieste
Deutsche Rechte:
© Deutscher Taschenbuch Verlag GmbH & Co. KG, München
Umschlagentwurf: Celestino Piatti
Satz: W Design, Höchstädt Ofr.
Gesamtherstellung: Kösel, Kempten
ISBN 3-423-09353-6 · Printed in Germany

Passatempi nella giungla 6
Zeitvertreib im Dschungel 7

Lo scultore Riccardo 10
Der Bildhauer Riccardo 11

Strani casi della Torre di Pisa 18
Seltsames um den Turm von Pisa 19

Padrone e ragioniere ovvero
L'automobile, il violino e il tram da corsa 34
Chef und Buchhalter oder
Das Auto, die Geige und die Renn-Trambahn 35

Venezia da salvare ovvero Diventare pesci è facile 52
Venedig retten oder Fisch werden ist nicht schwer 53

Il professor Terribilis ovvero La morte di Giulio Cesare 68
Professor Terribilis oder Julius Caesars Tod 69

Vado via con i gatti 84
Ich geh weg zu den Katzen 85

Carlino, Carlo, Carlino ovvero
Come far perdere ai bambini certe cattive abitudini 100
Carlino, Carlo, Carlino oder
Wie man Kindern bestimmte Unarten abgewöhnt 101

Per chi filano le tre vecchiette? 116
Für wen spinnen die drei alten Weiblein? 117

Passatempi nella giungla

Ecco come io immagino che si divertano le bestie della giungla. Non ho visto niente di quello che racconto, naturalmente, ma sono sicuro che è cosí.

Prima di tutto le scimmie. Esse sono veramente i monelli della giungla. Il loro passatempo preferito è di tirare noci di cocco sulla schiena del coccodrillo, che sonnecchia tra il fango.

– Avanti! – dice il coccodrillo, credendo che qualcuno abbia bussato alla sua schiena per avere il permesso di entrare nel fiume. Le scimmie ridono a crepapelle e continuano il loro tiro a segno.

– Avanti! – urla il coccodrillo. Quando si accorge che sono state le scimmie, le minaccia: – Tingerò il fiume di rosso con il vostro sangue, figlie del diavolo!

A questo punto un serpente gli tira la coda e scappa via piú in fretta che può.

Gli elefanti sono piú spiritosi e giocano alla «proboscide di ferro». Proprio come noi che giochiamo al «braccio di ferro». Come fanno? Si mettono faccia a faccia, drizzano le proboscidi in aria e le accostano l'una all'altra. Poi fanno forza: vince chi riesce a piegare per primo la proboscide dell'avversario.

Gli elefantini giocano invece a stare in equilibrio sulla punta della proboscide e a girare su quella come una trottola.

Zeitvertreib im Dschungel

So, stelle ich mir vor, vergnügen sich die Tiere im Dschungel. Natürlich habe ich nichts von dem, was ich erzähle, gesehen, aber ich bin sicher, dass es so ist.

Vor allem die Affen. Sie sind wirklich die Lausbuben des Dschungels. Ihr beliebtester Zeitvertreib ist es, Kokosnüsse auf den Rücken des im Schlamm dösenden Krokodils zu werfen.

«Herein!» sagt das Krokodil, da es denkt, jemand habe an seinem Rücken angeklopft, um die Erlaubnis zu bekommen, in den Fluss hinein zu gehen. Die Affen lachen sich tot und schießen weiter auf ihre Zielscheibe.

«Herein!» brüllt das Krokodil. Da merkt es, dass es die Affen gewesen sind, und droht: «Ich werde den Fluss mit eurem Blut rot färben, Ihr Teufelsbraten!»

In diesem Augenblick zieht eine Schlange an seinem Schwanz und entwischt so schnell sie kann.

Die Elefanten sind etwas geistreicher und spielen «Eisenrüssel». Genauso wie wir «Eisenarm» spielen. Wie sie das machen? Sie stellen sich einander gegenüber, richten die Rüssel nach oben auf und lehnen sie aneinander. Dann üben sie Kraft aus: Wem es als erstem gelingt, den Rüssel des Gegners zu beugen, der hat gewonnen.

Die Elefantenkinder spielen hingegen Balancieren auf der Spitze des Rüssels und sich wie ein Kreisel auf ihm zu drehen.

Ci sono anche nella giungla degli istituti di bellezza, dove le tigri vanno a farsi tingere le strisce sulla pelle, e a farsi impomatare i baffi e a parlar male del leone. Quando però il leone entra a farsi pettinare la criniera, stanno tutte zitte.

– Colonia o brillantina? – domanda il leopardo che fa da barbiere.

– Brillantina, – risponde il leone.

Appena il leone è uscito, le tigri parlano tutte insieme:

– È quasi calvo e si fa mettere la brillantina! Dovrebbe portare una parrucca, poveretto.

Il leone va a fare una partita a bocce con l'orso: come bocce, naturalmente, usano le solite noci di cocco.

Il leone tira troppo forte la sua noce e la manda a finire sulla schiena del coccodrillo. Si sente: Toc. – Avanti, – dice il coccodrillo. Il leone e l'orso si fanno delle grasse risate.

Il coccodrillo borbotta: – Non si può mai dormire in pace.

Auch Schönheits-Institute gibt es im Dschungel, in denen sich die Tiger ihre Streifen aufs Fell färben und den Schnurrbart pomadisieren lassen und schlecht über den Löwen reden. Wenn allerdings der Löwe hereinkommt, um sich seine Mähne kämmen zu lassen, sind alle still.

«Kölnisch Wasser oder Pomade?» fragt der Leopard, der der Friseur ist.

«Pomade», antwortet der Löwe.

Kaum ist der Löwe gegangen, reden die Tiger alle auf einmal:

«Er ist fast kahl und lässt sich Pomade drauf schmieren! Er sollte lieber eine Perücke tragen, der Arme.»

Der Löwe geht eine Partie Boccia mit dem Bären spielen. Als Bocciakugeln nehmen sie natürlich die üblichen Kokosnüsse.

Der Löwe schießt seine Nuss zu stark, und sie landet auf dem Rücken des Krokodils. Man hört: Tock. «Herein», sagt das Krokodil. Der Löwe und der Bär biegen sich vor Lachen.

Das Krokodil brummt: «Nie kann man in Ruhe schlafen.»

Lo scultore Riccardo

Non c'è scultore piú grande dello scultore Riccardo. La sua specialità è di fare delle statue, che appena finite, balzano dal piedistallo, fanno una riverenza e se ne vanno in giro per il mondo per conto loro. Proprio come Pinocchio che sgusciò dalle mani del falegname Geppetto, e si mise a farne di tutti i colori.

Per esempio, Riccardo scolpisce una peccora, una bella pecorina con la lana densa e soffice, soffice per modo di dire, veramente, perché si tratta di lana di marmo e qualche volta di creta e di legno. Chissà se la lana di marmo scalda come quella di... lana!

Insomma, Riccardo scolpisce una pecora e appena l'ha terminata quella si mette a belare: – Beeee! Beee! Grazie tante, signor scultore. Sa dirmi se da queste parti c'è un praticello con un po' di erba fresca? Sento un certo appetito che brucherei anche i sassi.

– Lei può benissimo brucare anche i sassi, – risponde lo scultore gentilmente, – ma la sua bocca è appunto un sasso. E anche la sua coda.

– Proverò i sassi, se le fa piacere, – ribatte la pecora, – ma intanto vorrei proprio un po' d'erba, un paio di foglie di lattuga. Magari delle ortiche piuttosto che niente.

Lo scultore, con la massima cortesia, le indica la strada dei giardini pubblici. La pecorina ringrazia e se ne va scodinzolando come un cagnolino.

Poi lo scultore Riccardo scolpisce un pompiere con l'elmetto in testa e la scure in mano. Non ha finito di dargli l'ultimo colpo di scalpello che il pompiere salta giú in fretta e furia dal piedistallo e grida:

– Presto, presto! Acqua alle pompe! Dirigete il getto da questa parte!

– Si calmi, si calmi, signor pompiere. Qui non brucia proprio niente. L'unica cosa che potrebbe bru-

Der Bildhauer Riccardo

Es gibt keinen größeren Bildhauer als den Bildhauer Riccardo. Seine Spezialität ist es, Statuen zu machen, die, kaum fertig, vom Sockel springen, sich verbeugen und selbständig in die Welt hinaus gehen. Genau wie Pinocchio, der den Händen des Schreiners Geppetto entwischte und alles Mögliche anstellte.

Riccardo macht zum Beispiel ein Schaf, ein hübsches Schäfchen mit dichter, weicher Wolle – weich, das heißt, auffallend weich, da es sich um Wolle aus Marmor handelt und manchmal aus Ton oder aus Holz. Wer weiß, ob die Wolle aus Marmor so wärmt wie die aus ... Wolle!

Kurz und gut, Riccardo macht ein Schaf, und kaum hat er es fertig, fängt dieses zu blöken an: «Bäääh! Bäääh! Vielen Dank, Herr Bildhauer. Können Sie mir sagen, ob es hier in der Gegend eine kleine Wiese mit etwas frischem Gras gibt? Ich verspüre einen gewissen Appetit, dass ich sogar Steine fressen würde.»

«Sie können sehr gut auch Steine fressen», antwortet der Bildhauer freundlich, «aber Ihr Maul ist ja aus Stein. Ebenso wie Ihr Schwanz.»

«Wenn Sie meinen, werde ich die Steine versuchen», entgegnet das Schaf, «aber unterdessen hätte ich gern etwas Gras und ein paar Salatblätter. Lieber noch Brennesseln als gar nichts.»

Äußerst höflich zeigt ihm der Bildhauer den Weg zu den öffentlichen Park-Anlagen. Das Schäfchen bedankt sich und läuft wie ein kleiner Hund schwanzwedelnd davon.

Dann macht der Bildhauer Riccardo einen Feuerwehrmann mit Helm auf dem Kopf und Axt in der Hand. Er hat noch nicht den letzten Schlag auf den Meißel getan, da springt der Feuerwehrmann in Eile und Hast vom Sockel und ruft:

«Los, los! Wasser in die Pumpen! Richtet den Strahl hierher!»

«Beruhigen Sie sich, beruhigen Sie sich, Herr Feuerwehrmann. Hier brennt ja gar nichts. Das einzige, was brennen

ciare è appunto la sua degnissima persona. Forse non sa di esser fatto di legno.

– Accidenti! – esclama la statua. – Che cosa le è saltato in testa di fare un pompiere di legno? Non potrò avvicinarmi all'incendio che subito piglierò fuoco.

– Non so cosa farci, – risponde sorridendo lo scultore. – Non ci avevo proprio pensato. Comunque, se vuole andare ad arruolarsi nei vigili del fuoco, la caserma è da quella parte.

Il pompiere si avvia, crollando il capo.

– Proprio di legno doveva farmi! Con tanto marmo e con tanto bronzo che c'è in giro.

Le statue dello scultore Riccardo girano il mondo, e ogni tanto tornano a trovarlo per raccontargli le loro avventure. Una volta, una statua torna indietro triste triste, e si lamenta: – Signor Riccardo, perché mi avete fatto con la gobba? I bambini mi prendono in giro, e le donnette superstiziose vogliono toccarmi perché porto fortuna.

Non ha finito di parlare il povero gobbino che la porta si spalanca e una grande statua di bronzo entra gridando con un vocione di tuono:

– Senta, lei, signor scultore dei miei stivali: o mi aggiusta le gambe o per lei sono guai.

– Che cosa hanno le sue gambe?

– Sono storte, ecco che cosa hanno. Lei mi ha fatto le gambe storte. Le pare che io possa andare attorno a questo modo?

Eccone una terza: ma è proprio una processione stamattina! Questa si lamenta perché le braccia sono troppo corte rispetto al resto del corpo. Poi arriva un cavallo che si lamenta perché lo scultore gli hà fatto un solo occhio, una ragazza che piange perché Riccardo le ha fatto solo due dita invece che cinque.

– Tutte le persone per bene hanno cinque dita, – piange la ragazza, – ed io perché devo averne solo due?

könnte, ist genau Ihre sehr verehrte Person. Vielleicht wissen Sie nicht, dass Sie aus Holz sind.»

«Zum Teufel!» beschwert sich die Statue. «Was fällt Ihnen ein, einen Feuerwehrmann aus Holz zu machen? Ich werde mich keinem Brand nähern können, ohne gleich Feuer zu fangen.»

«Ich weiß nicht, was ich da machen soll», antwortet lächelnd der Bildhauer. «Ich habe wirklich nicht daran gedacht. Jedenfalls, wenn Sie sich freiwillig bei der Feuerwehr melden wollen – die Kaserne ist dort drüben!»

Der Feuerwehrmann geht kopfschüttelnd los.

Ausgerechnet aus Holz musste er mich machen! Wo doch so viel Marmor und Bronze herumliegt!»

Die Statuen des Bildhauers Riccardo bereisen die Welt, und ab und zu kehren sie zurück, um ihn zu besuchen und von ihren Abenteuern zu erzählen. Eines Tages kommt eine Statue ganz ganz traurig zurück und beklagt sich: «Signor Riccardo, warum habt Ihr mich mit einem Buckel gemacht? Die Kinder lachen mich aus, und die abergläubischen Weiblein wollen mich anfassen, weil ich Glück bringe.»

Der arme Bucklige hat noch nicht zu Ende gesprochen, da wird die Tür aufgerissen. Eine große Statue aus Bronze tritt ein und ruft mit lauter Donnerstimme:

«Hören Sie, Sie Armleuchter von einem Bildhauer! Entweder Sie richten mir die Beine, oder wehe Ihnen!»

«Was ist mit Ihren Beinen?»

«Mit meinen Beinen? Sie sind krumm. Sie haben mir krumme Beine gemacht. Meinen Sie vielleicht, ich könnte so herumlaufen?»

Und da kommt eine dritte. Das ist ja heute Morgen eine richtige Prozession! Die beklagt sich, dass ihre Arme im Verhältnis zum übrigen Körper zu kurz sind. Dann kommt ein Pferd, das sich beschwert, weil der Bildhauer ihm nur ein Auge gemacht hat, und ein Mädchen, das weint, weil Riccardo ihr nur zwei statt fünf Finger gemacht hat.

«Alle anständigen Leute haben fünf Finger», weint das Mädchen, «und warum habe ich nur zwei?»

Oh, cielo, e questo chi è? Un uomo senza occhi e senza naso: la sua faccia è tonda e liscia come un uovo.

– Tutti scambiano la mia testa per una palla da biliardo o per un birillo, e mi tirano le sassate. Per piacere non potrebbe farmi almeno il naso? Non dico le orecchie, di quelle posso farne a meno, ma il naso, che cosa le costa? Due pezzetti di marmo grandi come due dadi per la minestra, ed io sono a posto.

Piano piano lo studio dello scultore Riccardo si è riempito di gente che si lamenta del suo aspetto: chi vuole i piedi perché Riccardo si è dimenticato di far-

glieli, un cavallo vuole la coda perché dice che non sta bene per un cavallo andare in giro senza coda, una donna vuole i capelli perché Riccardo l'ha fatta calva come un commendatore.

Lo scultore Riccardo è molto imbarazzato. Sulle prime cerca di difendersi.

– Voi non siete gente come gli altri: siete delle statue, – spiega, – e quindi potete essere anche cosí.

Großer Himmel, und wer ist denn das? Ein Mann ohne Augen und ohne Nase: sein Gesicht ist rund und glatt wie ein Ei.

«Alle halten meinen Kopf für eine Billiardkugel oder für ein Fass und werfen Steine nach mir. Können Sie mir bitte nicht wenigstens eine Nase machen? Ich rede nicht von Ohren, weil ich ohne die noch am ehesten auskomme, aber die Nase, was kostet es Sie? Zwei kleine Stückchen Marmor so groß wie zwei Suppenwürfel, und ich bin zufrieden.»

Nach und nach hat sich die Werkstatt des Bildhauers Riccardo mit Leuten gefüllt, die sich über ihr Aussehen beschweren: der eine will Füße, weil Riccardo vergessen hat,

ihm welche zu machen, ein Pferd will einen Schwanz; es sagt, dass es sich für ein Pferd nicht gehört, ohne Schwanz herum zu laufen, eine Frau will Haare, weil Riccardo sie kahl wie einen Ordensritter gemacht hat.

Der Bildhauer Riccardo ist sehr verlegen. Zunächst versucht er sich zu verteidigen.

«Ihr seid doch keine Leute wie die anderen. Ihr seid Statuen», erklärt er, «und deshalb könnt ihr auch so sein.»

– Grazie tante, ma noi non vogliamo essere cosí. Io voglio il mio naso, – risponde l'ometto dalla testa liscia come una palla da biliardo.

Insomma, tanto fanno e tanto dicono che Riccardo si rassegna: si rimbocca le maniche, e si affretta a fare tutte le operazioni necessarie per correggere i suoi errori. Mentre aspettano in fila il loro turno per le riparazioni le statue parlano tra loro e, in generale, dicono che un cavallo senza coda non è un cavallo nemmeno se è di marmo che si può essere una bellissima statua anche con cinque dita invece che con due sole, e che un uomo senza naso dovrebbe andare all'ospedale. Ma l'ospedale delle statue non è ancora stato inventato.

«Vielen Dank, aber wir wollen nicht so sein. Ich will meine Nase», antwortet das Männlein mit dem Kopf, der so glatt wie eine Billiardkugel ist.

Sie machen und reden jedenfalls so lange herum, bis Riccardo nachgibt, die Ärmel hochkrempelt und alle nötigen Handgriffe ausführt, um seine Fehler zu beheben. Während die Statuen in einer Schlange darauf warten, zum Ausbessern an die Reihe zu kommen, unterhalten sie sich unter einander und sagen, ganz allgemein, dass ein Pferd ohne Schwanz kein Pferd ist, selbst wenn es aus Marmor ist, dass man auch mit fünf anstatt nur mit zwei Fingern eine wunderschöne Statue sein kann, und dass ein Mann ohne Nase ins Krankenhaus gehen sollte. Aber das Krankenhaus für Statuen ist noch nicht erfunden worden.

Strani casi della Torre di Pisa

Una mattina il signor Carletto Palladino è lí, come sempre, ai piedi della Torre di Pisa a vendere ricordini ai turisti, quando una grande astronave d'oro e d'argento si ferma in cielo e dalla sua pancia esce un coso, un elicottero forse, che scende sul prato detto «dei miracoli».

– Guardate! – esclama il signor Carletto. – Gli invasori spaziali!

– Scappa e fuggi, – strilla la gente, in tutte le lingue.

Ma il signor Carletto non scappa, né fugge, per non abbandonare la cassetta posata su uno sgabello, nella quale, bene allineati – cioè, tutti storti – stanno tanti modellini della torre pendente, in gesso, marmo e alabastro.

– Souvenir! Souvenir! – comincia a gridare, indicando la sua merce agli spaziali, che sbarcano, in numero di tre, ma salutano con dodici mani, perché ne hanno quattro a testa.

– Venite via, sor Carletto, – gridano le altre venditrici di ricordini da lontano, fingendo preoccupazione per la sua vita; in realtà sono gelose, ma ad avvicinarsi per vendere anche loro agli spaziali le belle statuine, hanno paura.

– Souvenir!

– Bono, pisano, – dice una voce spaziale. – Prima le presentazioni.

– Carletto Palladino, piacere.

– Signore e signori, – continua la voce, con un'ottima pronuncia italiana, – chiediamo scusa per il disturbo. Veniamo dal pianeta Karpa, che dista dal vostro trentasette anni luce e ventisette centimetri. Contiamo di fermarci pochi minuti. Non dovete aver paura di noi, perché siamo qui per una missione commerciale.

Seltsames um den Turm von Pisa

Eines Morgens steht Signor Carletto Palladino wie immer am Fuße des Turms von Pisa und verkauft Andenken an die Touristen, da macht ein großes Raumschiff aus Gold und Silber am Himmel halt, und aus seinem Bauch kommt so ein Ding heraus, vielleicht ein Hubschrauber, und landet auf der Wiese, genannt «Wiese der Wunder».

«Seht!» ruft Signor Carletto. «Die Invasoren aus dem Weltall!»

«Nichts wie weg», kreischen die Leute in allen Sprachen.

Aber Signor Carletto rennt weder weg, noch flieht er, um nicht den Kasten auf seinem Schemel alleinzulassen, in dem, schön in Reih und Glied – das heißt, alle schief – die ganzen kleinen Modelle des schiefen Turms stehen, aus Gips, Marmor und Alabaster.

«Andenken! Andenken!» beginnt er zu rufen und zeigt seine Ware den Bewohnern aus dem All, die aussteigen, drei an der Zahl, die jedoch mit zwölf Händen grüßen, weil sie vier pro Kopf haben.

«Laufen Sie weg, Signor Carletto», schreien die anderen Andenkenverkäuferinnen aus der Ferne, als fürchteten sie um sein Leben. In Wirklichkeit sind sie eifersüchtig, haben aber Angst näherzukommen und selbst den Bewohnern ihre hübschen kleinen Statuen zu verkaufen.

«Andenken!»

«Gut, Pisaner», sagt eine Weltraumstimme. «Erst die Vorstellung.»

«Carletto Palladino, angenehm.»

«Meine Damen und Herren», fährt die Stimme mit ausgezeichneter italienischer Aussprache fort, «wir bitten um Verzeihung wegen der Störung. Wir kommen vom Planeten Karpa, der siebenunddreißig Lichtjahre und siebenundzwanzig Zentimeter von eurem entfernt ist. Wir rechnen mit wenigen Minuten Aufenthalt. Sie brauchen keine Angst vor uns zu haben, wir sind hier wegen eines Handelsauftrags.»

– Io l'avevo bell'e capito, – fa il signor Carletto.
– Tra uomini d'affari ci s'intende subito.

Mentre la voce spaziale, amplificata da un invisibile altoparlante, ripete piú volte il messaggio, turisti, venditori di ricordini, ragazzi, curiosi, sbucano dai loro nascondigli e si fanno avanti, incoraggiandosi a vicenda. Arrivano, con accompagnamento di sirene, poliziotti, carabinieri, pompieri e vigili urbani, per ragioni di ordine pubblico. Giunge pure il sindaco, in groppa a un cavallo bianco.

– Cari ospiti, – dice il sindaco, dopo tre squilli di trombe, – siamo lieti di darvi il benvenuto nell'antica e famosa città di Pisa, ai piedi del suo antico e famoso campanile. Se fossimo stati avvertiti del vostro arrivo, vi avremmo preparato accoglienze degne dell'antico e famoso pianeta Karpa. Purtroppo...

– Grazie, – lo interrompe uno dei tre spaziali, agitando due delle sue quattro braccia. – Non vi disturbate per noi. Avremo da fare per un quarto d'ora al massimo.

– Volete lavarvi le mani? – domanda il sindaco.
– Per l'appunto vi ho portato alcuni biglietti omaggio per l'albergo diurno.

I tre spaziali, senza piú dargli retta, si dirigono verso il campanile e cominciano a palparlo, come per accertarsi che sia vero. Adesso parlano tra loro, in una lingua abbastanza simile al caracalpacco, ma non dissimile dal cabardino-balcarico. I loro volti, nello scafandro, sono degli autentici volti karpiani, molto somiglianti ai pellirossa.

Il sindaco gli si avvicina premuroso: – Non desiderate prendere contatto con il nostro governo, con i nostri scienziati, con la stampa?

– Perché? – ribatte il capo degli spaziali. – Non vogliamo dar noia a tanta gente importante. Ci prendiamo la torre e ripartiamo.

«Das habe ich doch gleich gewusst», meint Signor Carletto. «Unter Geschäftsleuten versteht man sich sofort.»

Während die Raumstimme, von einem unsichtbaren Lautsprecher verstärkt, mehrere Male die Botschaft wiederholt, kriechen Touristen, Andenkenverkäufer, Kinder und Neugierige aus ihren Verstecken und kommen näher, wobei sie sich gegenseitig Mut machen. Unter Sirenengeheul treffen Polizisten, Gendarmen, Feuerwehrleute und Schutzmänner ein, um für Ordnung zu sorgen. Sogar der Bürgermeister kommt auf einem weißen Pferd geritten.

«Liebe Gäste», sagt der Bürgermeister nach drei Trompetenstößen, «wir freuen uns, Sie in der alten und berühmten Stadt Pisa willkommen heißen zu dürfen, am Fuße seines alten und berühmten Turms. Wenn wir von Ihrer Ankunft benachrichtigt worden wären, hätten wir Ihnen einen dem alten und berühmten Planeten Karpa würdigen Empfang bereitet. Leider...»

«Danke», unterbricht ihn einer der Weltraumbewohner mit zweien seiner vier Arme fuchtelnd. «Lassen Sie sich von uns nicht stören. Wir werden höchstens eine Viertelstunde zu tun haben.

«Wollen Sie sich die Hände waschen?» fragt der Bürgermeister. «Ich habe Ihnen zu diesem Zweck einige Gutscheine für ein Tageshotel mitgebracht.»

Die drei Weltraumbewohner gehen ohne ihm zuzuhören auf den Turm zu und betasten ihn mit den Händen, als wollten sie sich vergewissern, ob er echt sei. Jetzt reden sie untereinander in einer ganz wie Kauderwelsch klingenden Sprache, doch dem Cabardino-Balcarischen nicht unähnlich. Ihre Gesichter in den Raumfahrerhelmen sind echte karpanesische Gesichter, sehr ähnlich den Rothäuten.

Der Bürgermeister nähert sich ihnen zuvorkommend: «Möchten Sie nicht Verbindung mit unserer Regierung, mit unseren Wissenschaftlern, mit der Presse aufnehmen?»

«Warum?» entgegnet der Chef der Weltraumbewohner. «Wir wollen so viele wichtige Leute nicht belästigen. Wir nehmen den Turm und fahren wieder.»

– Vi prendete... che cosa?
– La torre.
– Scusi, signor karpiano, forse ho capito male. Lei vuol dire che le interessa la torre, magari che lei e i signori suoi amici vogliono montare in cima per godere il panorama e intanto, per non perdere tempo, fare qualche esperimento scientifico sulla caduta dei gravi?
– No, – risponde pazientemente il karpiano. – Siamo qui per *prendere* la torre. Dobbiamo portarla sul nostro pianeta. Vede quella signora lí? – (il capo spaziale indica uno degli altri due scafandri) – Quella lí è la signora Boll Boll, che abita nella città di Sup, a pochi chilometri dalla capitale della Repubblica karpiana del Nord.

«Sie nehmen... was?»

«Den Turm.»

«Entschuldigen Sie, Herr Karpanese, vielleicht habe ich nicht richtig verstanden. Sie wollen sagen, dass der Turm sie interessiert, vielleicht möchten Sie und ihre Herren Freunde auf die Spitze steigen, um das Panorama zu genießen und dabei, um keine Zeit zu verlieren, einige wissenschaftliche Experimente über die Schwerkraft machen?»

«Nein», antwortet der Karpanese geduldig. «Wir sind hier, um den Turm *mitzunehmen*. Wir müssen ihn auf unseren Planeten bringen. Sehen Sie die Signora dort?» (der Chef der Weltraumbewohner zeigt auf einen der anderen beiden Raumfahrer-Helme) «Das ist Signora Boll Boll, die in der Stadt Sup wohnt, wenige Kilometer von der Hauptstadt der nordkarpanesischen Republik entfernt.»

La signora spaziale, sentendo il suo nome, si volta vivacemente e si mette in posa, sperando di essere fotografata. Il sindaco si scusa di non saper fare fotografie e batte sempre sullo stesso chiodo: – Cosa c'entra la signora Boll Boll? Qua si tratta che voi, senza il permesso dell'arcivescovo e del sovrintendente alle belle arti, la torre non la potete neanche toccare, altro che portarla via!

– Lei non capisce, – spiega il capo spaziale. – La signora Boll Boll ha vinto la Torre di Pisa nel nostro grande concorso Bric. Acquistando regolarmente i famosi dadi per il brodo Bric, essa ha raccolto un milione di buoni-punto e le spetta il secondo premio, che consiste, per combinazione, nella torre pendente.

– Ah, – riconosce il sindaco, – ottima idea!

– Veramente noi lo diciamo in un altro modo. Noi diciamo: «Che idea chic il brodo Bric!»

– Ben detto. E il primo premio in che cosa consiste?

– Il primo premio è un'isola nei Mari del Sud.

– Mica male! Vi siete proprio affezionati alla Terra, pare.

– Sí, il vostro pianeta è molto popolare da noi. I nostri dischi volanti lo hanno fotografato in lungo e in largo e molte ditte che producono dadi per il brodo si sono fatte avanti per accaparrarsi la possibilità di distribuire oggetti terrestri nei loro concorsi, ma la ditta Bric ha ottenuto l'esclusiva dal governo.

– Ora ho capito bene, – sbotta il sindaco; – ho capito che per voi la Torre di Pisa è roba di nessuno! Il primo che se la piglia, è sua.

– La signora Boll Boll la metterà nel suo giardino; avrà certamente un grande successo: correranno karpiani da tutta Karpa per vederla.

– Mia nonna! – grida il sindaco. – Questa è la fotografia di mia nonna. Ve la do gratis; la signora

Wie sie ihren Namen hört, dreht sich die Weltraum-Signora lebhaft um und stellt sich in Pose, in der Hoffnung, fotografiert zu werden. Der Bürgermeister entschuldigt sich, dass er keine Aufnahmen machen kann und hakt an der vorigen Stelle ein: «Was hat Signora Boll Boll damit zu tun? Es geht darum, dass Sie ohne Erlaubnis des Erzbischofs und des Oberintendanten für Kunst den Turm nicht einmal berühren dürfen, geschweige denn wegtragen!»

«Sie verstehen nicht», erklärt der Chef der Weltraumbewohner. «Signora Boll Boll hat den Turm von Pisa in unserem großen Bric-Wettbewerb gewonnen. Durch regelmäßiges Kaufen der berühmten Bric-Suppenwürfel hat sie eine Million Gutpunkte gesammelt und bekommt den zweiten Preis, der zufälligerweise der schiefe Turm ist.

«Ach so», sagt der Bürgermeister anerkennend, «eine hervorragende Idee!»

«Wir sagen es ehrlich gesagt anders. Wir sagen: ‹Eine Brühe Bric, ist die Idee nicht schick?›»

«Gut gesagt. Und worin besteht der erste Preis?»

«Der erste Preis ist eine Insel in der Südsee.»

«Nicht schlecht! Sie scheinen wirklich der Erde zugetan zu sein.»

«Ja, Ihr Planet ist bei uns sehr beliebt. Unsere fliegenden Untertassen haben ihn in seiner ganzen Länge und Breite fotografiert, und viele Hersteller von Suppenwürfeln haben sich bemüht, Gegenstände von der Erde in ihren Wettbewerben anzubieten, aber die Firma Bric hat das Exklusivrecht von der Regierung erhalten.»

«Jetzt habe ich richtig verstanden», platzt der Bürgermeister heraus; «ich habe verstanden, dass für Sie der Turm von Pisa ein Ding ist, das niemandem gehört! Dem ersten, der ihn sich nimmt, gehört er!»

«Signora Boll Boll wird ihn in ihren Garten stellen; sie wird sicherlich großen Erfolg haben: Vom ganzen Planeten werden die Karpanesen kommen und ihn besichtigen.»

«Meine Großmutter!» schreit der Bürgermeister. «Also hier das Foto meiner Großmutter. Ich gebe es Ihnen gratis.

Boll Boll potrà metterla in giardino per fare bella figura con le sue amiche. Ma la torre non si tocca! Mi ha sentito bene?

– Guardi, – dice il capo spaziale al sindaco, mostrando un bottone della sua tuta, – lo vede questo? Se io lo schiaccio, Pisa salta per aria e non torna piú a terra.

Il sindaco resta senza fiato. Intorno a lui la folla inorridisce in silenzio. Si sente solo, in fondo alla piazza, una voce di donna che chiama: – Giorgina! Renato! Giorgina! Renato!

Il signor Carletto Palladino borbotta mentalmente: – Ecco, con le buone maniere si ottiene tutto.

Non fa in tempo a finire questo importante pensiero, che la torre… scompare, lasciando un buco nel quale l'aria si precipita come un sibilo.

– Visto? – domanda il capo spaziale. – Molto semplice.

– Cosa ne avete fatto? – grida il sindaco.

– Ma eccola là, – dice il karpiano, – l'abbiamo rimpicciolita un tantino per poterla trasportare: una volta a casa della signora Boll Boll le ridaremo le sue dimensioni normali.

Difatti là, dove la torre si ergeva in tutta la sua altezza e pendenza, al centro dello spiazzo vuoto lasciato dalla sua sparizione, si può vedere ora una torricina piccina piccina, simile in tutto e per tutto ai ricordini del signor Carletto Palladino.

La gente si fa uscire dal petto un lungo «ooohh!» durante il quale si sente ancora la voce di quella signora che chiama i suoi bambini: – Renato! Giorgina!

La signora Boll Boll fa per chinarsi a raccogliere la minitorre e metterla in borsetta, ma prima di lei qualcuno, precisamente il signor Carletto Palladino, si getta sui miseri resti dell'antico e famoso monumento, come i cani si gettano (cosí, almeno, la rac-

Signora Boll Boll kann es in den Garten stellen, um bei ihren Freundinnen Eindruck zu machen. Aber der Turm wird nicht angefasst! Haben Sie mich verstanden?»

«Hier», sagt der Weltraum-Chef zum Bürgermeister und zeigt auf einen Knopf an seinem Anzug, «sehen Sie den? Wenn ich auf den drücke, fliegt Pisa in die Luft und kehrt nicht mehr zur Erde zurück.»

Dem Bürgermeister stockt der Atem. Die Menge um ihn herum erstarrt in entsetztem Schweigen. Nur am Ende des Platzes hört man eine Frauenstimme, die ruft: «Giorgina! Renato! Giorgina! Renato!»

Signor Carletto Palladino denkt murrend: «Da sieht man es wieder, mit guten Manieren erreicht man alles.»

Er kommt gar nicht dazu, den wichtigen Gedanken zu Ende zu denken, als der Turm... verschwindet und ein großes Loch hinterlässt, in das die Luft pfeifend einschießt.

«Haben Sie gesehen?» fragt der Chef der Weltraumbewohner. «Ganz einfach.»

«Was haben Sie damit gemacht?» schreit der Bürgermeister.

«Aber da ist er doch» sagt der Karpanese; «wir haben ihn ein bisschen verkleinert, um ihn transportieren zu können. Sobald er im Haus der Signora Boll Boll ist, werden wir ihn wieder in seine normalen Ausmaße zurückverwandeln.»

Tatsächlich kann man jetzt da, wo der Turm in seiner ganzen Höhe und Neigung emporragte, in der Mitte der durch sein Verschwinden verursachten leeren Stelle, ein winzig kleines Türmchen sehen, alles in allem ähnlich wie die Andenken von Signor Carletto Palladino.

Den Leuten entfährt ein langes «Ooohh!» während dessen man wieder die Stimme dieser Signora hört, die ihre Kinder ruft: «Renato! Giorgina!»

Signora Boll Boll will sich gerade bücken, um den Miniturm aufzuheben und in ihre Tasche zu stecken, doch vor ihr wirft sich jemand, genau gesagt Signor Carletto Palladino, auf die elenden Reste des alten und berühmten Denkmals, wie sich Hunde (so wird wenigstens erzählt) auf das Grab ih-

contano) sulla tomba del padrone. I karpiani, colti di sorpresa e di contropiede, tardano un momento a reagire; ma poi, con tutte quelle braccia, non fanno nessuna fatica ad immobilizzare il signor Carletto, a sollevarlo di peso e a depositarlo a debita distanza.

– Ecco fatto, – dice il capo spaziale. – Ora noi abbiamo la torre, ma a voi restano tante altre belle cose. La missione di cui eravamo stati incaricati per conto della ditta Bric è compiuta. Non ci resta che dirvi arrivederci e grazie.

– Andate al diavolo! – risponde il sindaco. – Pirati! Ma ve ne pentirete. Un giorno avremo anche noi i dischi volanti…

– Il brodo con i buoni-punto ce l'abbiamo di già, – aggiunge una voce dal fondo.

– Ve ne pentirete! – ripete il sindaco.

Si sente il «tac» della borsetta della signora Boll Boll, richiusa con energia karpiana. Si sente un nitrito del cavallo del sindaco, ma non si capisce che cosa voglia dire. Poi si sente la vocetta del signor Carletto, che fa: – Scusi, signor karpiano…

– Dica, dica.

– Avrei una preghiera da rivolgervi.

– Una petizione? Allora deve usare la carta bollata.

– Ma si tratta solo di una sciocchezza. Dal momento che la signora Boll Boll ha avuto il suo premio… se voi volete…

– Che cosa?

– Ecco, io avrei qui questo modellino del nostro bel campanile. È un giocattolino di marmo, come vedete. A voi non costerebbe niente ingrandircelo ad altezza naturale. Cosí almeno ci resterebbe un ricordino del nostro campanile…

– Ma sarebbe una cosa finta, senza nessun valore storico-artistico-turistico-pendente, – osserva, stupito, il capo spaziale. – Sarebbe un surrogato come la cicoria.

res Herrchens werfen. Die Karpanesen, überrascht und auf dem falschen Bein erwischt, zögern einen Augenblick, bevor sie reagieren, doch dann haben sie mit allen ihren Armen keine Mühe, Signor Carletto festzuhalten, hochzuheben und in gebührender Entfernung abzusetzen.

«So, das hätten wir» sagt der Weltraum-Chef. «Jetzt haben wir den Turm, doch Ihnen bleiben ja viele andere schöne Dinge. Der Auftrag der Firma Bric ist somit erledigt. Es bleibt uns nur noch, Ihnen Auf Wiedersehen und Danke zu sagen.»

«Schert euch zum Teufel!» entgegnet der Bürgermeister. «Piraten! Aber das werdet ihr bereuen. Eines Tages werden auch wir fliegende Untertassen haben...»

«Die Brühe mit den Gutpunkten haben wir schon», ergänzt eine Stimme aus dem Hintergrund.

«Ihr werdet es bereuen!» wiederholt der Bürgermeister. Man hört das «Klack» der Tasche der Signora Boll Boll, mit karpanesischer Kraft geschlossen. Man hört vom Pferd des Bürgermeisters ein Wiehern, versteht aber nicht, was es sagen will. Dann hört man die dünne Stimme von Signor Carletto, die sagt: «Verzeihen Sie, Herr Karpanese...»

«Sprechen Sie, sprechen Sie!»

«Ich hätte eine Bitte an Sie!»

«Ein Bittgesuch? Dann müssen Sie Stempelpapier benutzen.»

«Es handelt sich nur um eine Kleinigkeit. Da Signora Boll Boll ihren Preis erhalten hat... wenn Sie wollen...»

«Was?»

«Sehen Sie, ich hätte hier dieses kleine Modell unseres schönen Turmes. Es ist ein Spielzeug aus Marmor, wie Sie sehen. Für Sie wäre es doch sicher kein Problem, ihn für uns in seine natürliche Größe zu verwandeln. So bliebe uns wenigstens ein kleines Andenken an unseren Turm...»

«Aber das wäre eine Fälschung, ohne irgendeine historisch-künstlerisch-touristisch-schiefe Qualität», wendet der Weltraum-Chef erstaunt ein. «Es wäre ein Ersatz wie Malz-Kaffe.»

– Pazienza, – insiste il signor Carletto. – Ci contenteremo.

Il capo spaziale spiega la strana richiesta al suo collega e alla signora Boll Boll, che scoppiano a ridere.

– Che buffonata! – protesta il sindaco. – Non vogliamo nessuna cicoria!

– Lasci fare, signor sindaco, – dice il signor Carletto.

– Va bene, – fa il capo spaziale. – Dia qua.

Il signor Palladino gli consegna il modellino; il capo spaziale lo colloca al punto giusto, gli punta addosso un bottone della sua tuta (un altro, non quello delle bombe) e... là! Fatto! Ecco di nuovo la Torre di Pisa al suo posto...

– Bella roba! – continua a protestare il sindaco. – Si vede di lontano che è falsa come Giuda. Oggi stesso farò demolire questa vergogna.

– Come vuole lei, – dice il capo spaziale. – Bè, noi ce ne andiamo, neh? Buongiorno e buona Pasqua.

I karpiani risalgono sul loro quasi-elicottero, tornano sull'astronave d'oro e d'argento, e subito dopo in cielo c'è soltanto un passero solitario, che torna sulla vetta della torre antica. Poi succede una cosa strana. Davanti a tutta quella gente disperata, alle forze dell'ordine sconsolate, al sindaco che singhiozza, il signor Carletto Palladino si mette a ballare la tarantella e il saltarello.

– Poverino! – dice la gente. – È diventato matto per il dolore.

– Matti sarete voi, – grida invece il signor Carletto. – Stupidelli e sciocchini, che non siete altro! E siete pure distratti come il cavallo del sindaco. Non vi siete accorti che gli ho scambiato la torre sotto il naso, ai karpiani?

– Ma quando???

– Quando l'hanno rimpicciolita e io mi ci sono

«Machen Sie sich keine Sorgen», beharrt Signor Carletto. «Wir werden uns damit zufriedengeben.»

Der Weltraum-Chef erklärt die seltsame Bitte seinem Kollegen und Signora Boll Boll, die in Gelächter ausbrechen.

«So ein Blödsinn!» schimpft der Bürgermeister. «Wir wollen keinen Malz-Kaffee!»

«Lassen Sie ihn nur machen, Herr Bürgermeister», sagt Signor Carletto.

«Also gut», meint der Chef der Weltraumbewohner. «Geben Sie her.»

Signor Palladino gibt ihm das kleine Modell. Der Weltraum-Chef stellt es an den richtigen Platz, zielt auf ihn mit einem Knopf seines Anzugs (einem anderen, nicht dem für die Bomben) und... da! Schon erledigt! Der Turm von Pisa ist wieder an Ort und Stelle...

«So was Blödes!» schimpft der Bürgermeister weiter. «Man sieht schon von weitem, dass er falsch ist wie Judas. Noch heute lasse ich diese Schande niederreißen.»

«Wie Sie wollen», sagt der Chef der Weltraumbewohner. «Gut, wir gehen, oder? Guten Tag und frohe Ostern.»

Die Karpesaner besteigen ihr hubschrauber-ähnliches Gefährt und begeben sich damit wieder in ihr Raumschiff aus Gold und Silber. Gleich danach sieht man am Himmel nur noch einen einsamen Spatzen, der auf die Spitze des alten Turms zurückkehrt. Dann passiert etwas Seltsames. Vor all den verzweifelten Leuten, vor den untröstlichen Ordnungshütern, vor dem schluchzenden Bürgermeister fängt Signor Carletto Palladino an, Tarantella und Saltarello zu tanzen.

«Der Arme!» sagen die Leute. «Er ist vor lauter Kummer verrückt geworden.»

«Ihr seid verrückt», ruft dagegen Signor Carletto. «Dummerchen und kleine Narren seid ihr, sonst nichts! Ihr seid so zerstreut wie das Pferd des Bürgermeisters. Habt ihr nicht gemerkt, dass ich den Turm vor der Nase der Karpesaner ausgetauscht habe?»

«Ja wann denn???»

«Wie sie ihn verkleinert haben und ich mich darauf ge-

buttato sopra, fingendo di fare il cane sulla tomba del padrone. L'ho sostituita con uno dei miei ricordini. Nella borsetta della signora Boll Boll c'è la torre fasulla! E quella vera è questa qua, questa qua; e ce l'hanno pure fatta tornare grande e pendente come prima; e ci hanno pure fatto quattro risate. Ma guardate, toccate, leggete tutti i nomi che ci avete scarabocchiato sopra...

– È vero! È vero! – grida una signora. – Ecco qui i nomi dei miei bambini, Giorgina e Renato. Ce li hanno scritti proprio stamattina con la biro!

– Bravi! – fa un vigile urbano, dopo aver controllato. – Proprio cosí. Cosa fa, signora, la contravvenzione la paga subito o gliela mando a casa?

Ma la contravvenzione, per una volta, la paga generosamente il sindaco di tasca sua, mentre il signor Carletto Palladino viene portato in trionfo, che, per lui, è tutta una perdita di tempo, perché intanto i turisti comprano i ricordini dalla concorrenza.

stürzt habe und so tat wie ein Hund auf dem Grab seines Herrchens. Ich habe ihn durch eins meiner Andenken ersetzt. In der Handtasche der Signora Boll Boll ist der falsche Turm! Und der wirkliche ist dieser hier, dieser hier; und sie haben ihn auch noch wieder groß gemacht und schief wie vorher; und sie haben uns auch noch ausgelacht. Aber seht, fasst an, lest all die Namen, die ihr drauf gekritzelt habt...»

«Es stimmt!» schreit eine Signora. «Hier sind die Namen meiner Kinder, Giorgina und Renato. Sie haben sie erst heute morgen mit dem Kugelschreiber drauf geschrieben!»

«Sehr gut!» meint ein Schutzmann, nachdem er es untersucht hat. «Genau so ist es. Wollen Sie den Strafzettel gleich zahlen, Signora, oder soll ich sie Ihnen nach Hause schicken?»

Aber die Ordnungsstrafe zahlt für dieses eine Mal großzügig der Bürgermeister aus seiner Tasche, während Signor Carletto Palladino triumphal gefeiert wird, was für ihn einen Zeitverlust bedeutet, weil in der Zwischenzeit die Touristen die Andenken bei der Konkurrenz kaufen.

Padrone e ragioniere
ovvero
L'automobile, il violino e il tram da corsa

Il commendator Mambretti è il padrone di una fabbrica di accessori per cavatappi a Carpi, in provincia di Modena. Egli possiede trenta automobili e trenta capelli.
– Quante automobili, – dice la gente.
– Che pochi capelli, – sospira il commendator Mambretti. Non si sa perché: in fin dei conti, trenta è uguale a trenta, no?

Per andare in fabbrica il commendator Mambretti prende un'automobile lunga dodici metri: la piú grande, la piú lussuosa, la piú gialla dell'intera regione Emilia-Romagna. Tutte le mattine, mentre guida, il commendator Mambretti domanda allo specchio retrovisore:
– Specchio, specchio cortese, qual è l'automobile piú bella del paese?
– La sua, commendator Mambretti, – risponde lo specchio con voce da sassofono tenore.

Soddisfatto della risposta, il piú famoso produttore di accessori per cavatappi della Valle Padana pigia il pedale dell'acceleratore e la macchina scivola avanti come una regina della strada.

Una mattina di lunedí, come sempre, il commendator Mambretti strizza l'occhio e domanda allo specchio retrovisore:
– Specchio, specchio cortese, qual è l'automobile piú bella del paese?

E già si prepara ad assaporare la risposta come un cioccolatino al whisky scozzese con dodici anni d'invecchiamento, quando lo specchio risponde, con voce da bass-tuba: – È quella del ragionier Giovanni.
– Mannaggia, – dice il commendator Mambretti,

Chef und Buchhalter
oder
Das Auto, die Geige und die Renn-Trambahn

Der Herr Generaldirektor Mambretti ist Inhaber einer Fabrik für Korkenzieher-Zubehör in Carpi in der Provinz Modena. Er besitzt dreißig Automobile und dreißig Haare.

«So viele Autos», sagen die Leute.

«So wenig Haare», seufzt der Herr Generaldirektor Mambretti. Man weiß nicht, warum, denn unterm Strich ist doch dreißig gleich dreißig, oder?

Um in die Fabrik zu fahren, nimmt der Herr Generaldirektor Mambretti ein zwölf Meter langes Auto: das allergrößte, allerteuerste und allergelbeste Automobil der ganzen Region Emilia-Romagna. Jeden Morgen fragt Generaldirektor Mambretti, während er am Steuer sitzt, seinen Rückspiegel:

«Spieglein, Spieglein an der Wand, welches ist das schönste Auto im ganzen Land?»

«Das Ihre, Herr Generaldirektor Mambretti», antwortet der Spiegel mit der Stimme eines Tenor-Saxophons.

Zufrieden mit der Antwort drückt der bekannteste Korkenzieherzubehörhersteller der ganzen Po-Ebene aufs Gaspedal, und der Wagen gleitet dahin wie der König der Straße.

Eines Montag-Morgens, genau wie immer, blinzelt der Herr Generaldirektor Mambretti sich zu und stellt seinem Rückspiegel die Frage:

«Spieglein, Spieglein an der Wand, welches ist das schönste Auto im ganzen Land?»

Schon bereitet er sich vor, die Antwort wie eine Praline mit einer Füllung von zwölf Jahre altem schottischen Whisky auf der Zunge zergehen zu lassen, da antwortet der Spiegel mit der Stimme einer Bass-Tuba: «Das des Buchhalters Giovanni.»

«Verdammter Mist», sagt Generaldirektor Mambretti

pigiando il pedale del freno. È una parola che ha imparato al cinema.

– Non è possibile, – egli grida. – Che ti venga la congiuntivite! Il ragionier Giovanni è un morto di fame, ha solo una bicicletta senza la pompa!

Ma lo specchio, piú volte interrogato, ribadisce con fermezza. Sotto la minaccia di essere fatto a pezzi, venduto come schiavo, ricoperto di carta velina, non muta la sua sentenza.

Il commendator Mambretti scoppia in pianto, e un vigile gli appioppa una contravvenzione perché blocca il traffico. Paga, riparte, corre in fabbrica. Nel suo ufficio il ragionier Giovanni sta ripassando sul suo violino il concerto di Max Bruch.

Il ragionier Giovanni è un ometto secco, con i capelli bianchi. Li aveva già bianchi fin da bambino, tanto che i suoi compagni lo avevano soprannominato Biancaneve.

In ditta, fa di tutto. Lucida gli accessori per cavatappi, serve da tavolino al principale quando gira per la fabbrica e deve prendere appunti (li prende sulla schiena del ragionier Giovanni) e fa il commento musicale. Il commendator Mambretti non vuol essere da meno dei personaggi dei teleromanzi, che non parlano se non c'è il commento musicale: anche quando fuggono nella notte, hanno sempre dietro un'intera orchestra (sarà magari su un camion) che gli suona delle tremende sinfonie. Nell'ufficio c'è

und tritt auf die Bremse. Diesen Ausdruck hat er im Kino gelernt.

«Das gibts doch nicht», schreit er. «Mit Blindheit sollst du geschlagen werden! Der Buchhalter Giovanni ist ein Hungerleider, er hat nur ein Fahrrad ohne Luftpumpe!»

Doch der Spiegel, den er immer wieder fragt, bleibt standhaft. Trotz der Drohung, in Stücke geschmissen, wie ein Sklave verkauft oder mit Seidenpapier zugeklebt zu werden, ändert er sein Urteil nicht.

Generaldirektor Mambretti bricht in Tränen aus, und ein Polizist verpasst ihm eine gebührenpflichtige Verwarnung, weil er den Verkehr behindert. Er zahlt und fährt wieder los, schnellstens in die Fabrik. In seinem Büro übt der Buchhalter Giovanni gerade das Violin-Konzert von Max Bruch.

Der Buchhalter Giovanni ist ein dürres Männchen mit weißen Haaren. Sie waren schon weiß, als er noch ein Kind war, so dass seine Kameraden ihm den Spitznamen Schneewittchen gaben.

In der Firma ist er Mädchen für alles. Er putzt die Korkenzieherzubehörteile, dient dem Chef als Tischchen, wenn dieser durch die Fabrik geht und sich Notizen machen muss (er macht sie auf dem Rücken des Buchhalters Giovanni) und spielt die Begleitmusik. Generaldirektor Mambretti will den Personen aus den Fernseh-Serien nicht nachstehen, die nicht ohne Begleitmusik sprechen: Selbst wenn sie in der Nacht fliehen, haben sie immer ein ganzes Orchester hinter sich (womöglich noch auf einem Lastwagen), welches für sie schaurige Symphonien spielt. Im Büro gibt es eine

un paravento. Quando viene un cliente a trattare un affare, il ragionier Giovanni va dietro il paravento con il suo violino. Dalla voce del principale capisce se deve suonare un «adagio», un «andantino» o un «presto molto».

– Buongiorno, commendatore, – dice il ragionier Giovanni, staccando l'archetto dalle corde.

Il commendatore lo guarda a lungo, con uno sguardo pessimistico, e quando parla lo fa con voce cosí triste, che il ragionier Giovanni si sente in dovere di attaccare il tema della morte di Isotta.

– Non ci siamo, non ci siamo, ragionier Giovanni, – dice il commendatore, – e lasci stare Wagner. Tutte queste novità... queste automobili...

– Ah, l'ha già saputo?

– Sono cose che si sanno. La gente mormora...

– Ma non c'è niente di male! È morta mia zia Giuditta, mi ha lasciato qualche ducato, cosí mi sono deciso a comprare quella macchinetta.

– Macchinetta, eh? Vadi, vadi...

– Ma, cosa dice, commendatore, guardi con i suoi occhi personali.

Là, in un angolo del cortile, si nota con qualche sforzo una minuscola automobile rossa a tre ruote, non piú alta di uno sgabello. Pare un'automobile rimasta bambina per mancanza di vitamine.

«E quella lí sarebbe l'automobile piú bella del paese? – riflette il commendator Mambretti, sorridendo con un solo dente. – Si vede che il mio specchio è diventato scemo dalla nascita. Che gli venga l'orticaria».

Intanto si vedono degli operai che attraversano il cortile per il loro lavoro. E tutti si fermano a guardare l'automobile del ragionier Giovanni. Uno le fa una carezza, un altro le spolvera un parafango col fazzoletto, un terzo è cosí distratto che si accende due sigarette in una volta. E nessuno sembra accor-

spanische Wand. Wenn ein Kunde zu einer Geschäfts-Besprechung kommt, geht der Buchhalter Giovanni mit
seiner Geige hinter die spanische Wand. An der Stimme seines Chefs kann er erkennen, ob er «adagio», «andantino»
oder «presto molto» spielen soll.

«Guten Tag, Herr Generaldirektor», sagt der Buchhalter Giovanni und nimmt den Bogen von den Saiten.

Der Herr Generaldirektor sieht ihn lange mit finsterem Blick an, und dann spricht er, und seine Stimme klingt so traurig, dass der Buchhalter Giovanni sich veranlasst fühlt, das Todes-Thema der Isolde zu spielen.

«Nicht doch, nicht doch, Buchhalter Giovanni», sagt der Herr Generaldirektor. «Lassen Sie den Wagner sein. All diese Neuigkeiten... diese Autos...»

«Ach, haben Sie es schon gehört?»

«Sowas weiß man einfach. Die Leute munkeln...»

«Aber es ist gar nichts Böses daran! Meine Tante Giuditta ist gestorben und hat mir ein paar Dukaten hinterlassen; da habe ich mich entschlossen, dies kleine Auto zu kaufen.»

«Kleines Auto, was? Von wegen...»

«Aber Herr Generaldirektor, was sagen Sie da? Sehen Sie doch mit eigenen Augen!»

Ganz hinten in einer Ecke des Hofes kann man mit Mühe ein winziges rotes Auto mit drei Rädern entdecken, nicht höher als ein Schemel. Es sieht aus wie ein Auto, das aus Vitaminmangel ein bisschen zu klein geblieben ist.

«Und das da hinten soll das schönste Auto im ganzen Land sein?» denkt der Herr Generaldirektor Mambretti und lächelt mit seinem einzigen Zahn. «Da sieht man, dass mein Spiegel schon von Geburt an blöd ist. Die Krätze soll er kriegen!»

Unterdessen sieht man einige Arbeiter den Hof überqueren und zur Arbeit gehen. Sie bleiben alle stehen und sehen sich das Auto des Buchhalters Giovanni an. Der eine streichelt es, ein anderer wischt mit einem Taschentuch den Staub vom Kotflügel, ein Dritter ist so beeindruckt, dass er sich zwei Zigaretten auf einmal anzündet. Niemand

gersi che proprio quella mattina l'automobile del commendator Mambretti ha un'antenna nuova per la radio tutta di lapislazzuli, e un quadro nuovo di Annigoni nel settore artistico.

– Sovversivi, – borbotta il padrone. – Basta che vedano del rosso.

Piú tardi, nel tornare a casa, il commendator Mambretti domanda per l'ultima volta allo specchio retrovisore: – Dimmi, ma non mentir, qual è l'automobile piú bella del paese?

– È quella del ragionier Giovanni.

– Ma perché?

– È quella del ragionier Giovanni.

– Ma se non ha nemmeno l'impianto per la doccia calda e fredda, il samovar e il registratore a cassetta?!

– È quella del ragionier Giovanni.

– Che ti venga un giradito, esclama il commendator Mambretti.

Lo specchio tace dignitosamente, rispecchiando di passaggio un autotreno con rimorchio pieno di maiali diretti a un salumificio di Reggio Emilia.

Quella sera stessa il commendator Mambretti decide di andare al cinema per dimenticare i dispiaceri. Davanti al Cine Star trova le automobili in sosta, fitte come i pini nel pineto, le querce nel querceto e le ciliege nel vaso delle ciliege sotto spirito. Mentre cerca un posto per parcheggiare la sua supermacchina, egli scopre proprio lí, a due metri dal suo paraurti anteriore, il macinino, il minisgorbio, il microscarabocchio del ragionier Giovanni. La piazza è desèrta. I carpigiani stanno tutti al cinema, a casa a guardare la televisione e al caffè a giocare a ramino. Non circola anima viva, non ci sono posteggiatori abusivi in vista, la luna è assente giustificata.

– Adesso o mai piú, – decide il commendator Mambretti.

scheint zu bemerken, dass ausgerechnet an diesem Morgen das Auto des Generaldirektors Mambretti eine neue Radioantenne hat, ganz aus Lapislazuli, und ein neues Bild von Annigoni in dem für Kunst vorgesehenen Teil.

«Revolutionäre», murmelt der Chef. «Bei denen reicht es schon, wenn sie nur rot sehen.»

Später, auf seinem Weg nach Hause, fragt Generaldirektor Mambretti zum letzten Mal seinen Rückspiegel: «Sag mir, aber lüg nicht, welches ist das schönste Auto im ganzen Land?»

«Das des Buchhalters Giovanni.»

«Aber warum denn?»

«Das des Buchhalters Giovanni.»

«Aber es hat doch nicht einmal eine Anlage zum warm und kalt Duschen, keinen Samowar und keinen Kassetten-Recorder!»

«Das des Buchhalters Giovanni.»

«Den Fingerwurm sollst du kriegen», schreit Generaldirektor Mambretti.

Der Spiegel schweigt würdevoll und spiegelt im Vorbeifahren einen Lastzug mit einem Anhänger voller Schweine für eine Wurstfabrik in Reggio Emilia.

An jenem Abend beschließt Generaldirektor Mambretti ins Kino zu gehen, um seinen Ärger los zu werden. Vor dem Cine Star sind die Autos dicht geparkt wie Pinien im Pinienwald, Eichen im Eichenwald und Kirschen im Glas in Alkohol. Während er nach einem Parkplatz für sein Super-Auto sucht, entdeckt er genau da, zwei Meter von seiner vorderen Stoßstange entfernt, diese Kaffeemühle, diesen Mini-Klecks, diese Mikro-Missgeburt des Buchhalters Giovanni. Der Platz ist verlassen. Die Bewohner von Carpi sind alle im Kino, zu Hause beim Fernsehen oder im Cafe beim Rommé-Spielen. Keine Menschenseele ist unterwegs, kein vorgeblicher Parkplatz-Wächter in Sicht, der Mond fehlt entschuldigt.

«Jetzt oder nie», beschließt der Herr Generaldirektor Mambretti.

Basta un colpetto all'acceleratore. Il muso possente della supercilindrata balza sulla macchinetta rossa, che del resto, essendo notte, sembra nera. La schiaccia come una fisarmonica. Freno. Marcia indietro. Prima e seconda. Via a tutto gas. Nessuno ha visto niente. Nemmeno lo specchio retrovisore, perché guardava dall'altra parte e in pratica faceva il palo.

All'uscita dal cinema il ragionier Giovanni vede la sua macchina ridotta a una via di mezzo tra un colabrodo e una pizza alla napoletana e sviene. Molti carpigiani lo assistono amorevolmente, gli dànno piccole sberle, gli fanno odorare sali e tabacchi per farlo rinvenire.

– Povero me, – sospira il ragionier Giovanni. – Addio del passato bei sogni ridenti!

– Suvvia, non se la prenda, – dice la gente. – Ci penserà Settemani.

– Chi?

– Il carrozziere, no? Quello che chiamano Settemani da tanto che è bravo, che pare che abbia davvero sette mani al posto di due.

– Ah, Settemani.

– Chi mi chiama? – domanda un omone che esce dal cinema per ultimo.

– Si parlava giusto di lei; signor Malagodi detto Settemani. Guardi che carneficina.

– Eh, ne ho viste di peggio. Ci penso me. Posso prenderla, ragionier Giovanni?

– Sí, grazie tante.

Con una sola mano, Settemani solleva il cartoccio, se lo ficca sotto il braccio e si avvia verso l'officina tra due ali di popolo.

Quella notte il ragionier Giovanni dorme sul pavimento dell'officina, abbracciato ai rottami della sua mini. La mattina dopo Settemani si mette al lavoro e il ragionier Giovanni non va neanche in fabbrica per starlo a guardare sospirosamente.

Ein kurzer Tritt aufs Gas genügt. Die gewaltige Schnauze des Superschlittens springt auf das kleine rote Auto, das übrigens, da es Nacht ist, schwarz wirkt. Sie quetscht es zusammen wie eine Ziehharmonika. Bremse. Rückwärtsgang. Erster und zweiter. Mit Vollgas weg. Niemand hat etwas gesehen. Nicht einmal der Rückspiegel, da er nach der anderen Seite schaute und sozusagen Schmiere stand.

Am Ausgang des Kinos sieht der Buchhalter Giovanni sein zu einer Mischung aus einem Sieb und einer Pizza alla napoletana zugerichtetes Auto und fällt in Ohnmacht. Viele der Carpigianer stehen ihm liebevoll bei, geben ihm kleine Klapse, lassen ihn Salz und Tabak riechen, um ihn wieder zu sich kommen zu lassen.

«Ich Ärmster», seufzt der Buchhalter Giovanni. «Die schönen fröhlichen Träume sind aus und vorbei!»

«Kommen Sie, nehmen Sie es nicht so schwer», sagen die Leute. «Siebenhand wird das schon wieder richten.»

«Wer?»

«Na der Karosseriemechaniker. Der, den sie Siebenhand nennen, weil er so geschickt ist, dass man meinen könnte, er habe tatsächlich sieben Hände anstatt zwei.»

«Ach so, Siebenhand.»

«Wer ruft nach mir?» fragt ein riesengroßer Mann, der als letzter aus dem Kino kommt.

«Wir haben gerade von Ihnen gesprochen, Signor Malagodi-Siebenhand. Schauen Sie, was für ein Gemetzel.»

«Da habe ich schon schlimmere gesehen. Ich mach das schon. Kann ich es mitnehmen, Giovanni?»

«Ja, vielen Dank.»

Mit nur einer Hand hebt Siebenhand das Knäuel hoch, klemmt es sich unter den Arm und begibt sich durch die von der Menge freigemachte Gasse in die Werkstatt.

In dieser Nacht schläft der Buchhalter Giovanni auf dem Boden der Werkstatt, an die Trümmer seines Minis geklammert. Am nächsten Morgen macht Siebenhand sich an die Arbeit, und der Buchhalter Giovanni geht nicht einmal in die Fabrik, sondern schaut ihm seufzend zu.

Il commendator Mambretti ha un incontro d'affari con un affarista di Stoccolma; sente molto la mancanza del commento musicale, ma fa finta di niente. Dopo pranzo manda una spia a spiare quel che succede nell'officina di Settemani. La spia torna quasi subito.

– E allora?

– Quel Settemani è proprio un fenomeno, commendatore. La macchina è tornata come nuova. Settemani la sta verniciando e il ragionier Giovanni gli fa il commento con il violino.

Il commendator Mambretti picchia un pugno sul tavolo che lo spacca. Con le difficoltà che ci sono oggi a trovare un buon falegname. Poi manda la spia in un altro posto. Bisogna sapere che il commendator Mambretti è il capo segreto di una banda di ladri di automobili. Ai suoi ordini la banda si mette in movimento. Prima passa dall'officina un tale a chiamare Settemani: – Ha detto sua moglie di andare a casa, perché le hanno rubato il borotalco.

– Ancora? – sbotta Settemani. – È già la terza volta in una settimana. Vado subito a vedere. Lei, ragionier Giovanni, mi aspetti qui.

Settemani corre a casa. Allora passa dall'officina un altro tale e offre al ragionier Giovanni un gelato alla panna. Il ragionier Giovanni lo accetta come un segno di solidarietà per le sue disgrazie, ma nel gelato c'è un sonnifero. Appena il ragionier Giovanni si addormenta, arriva la banda e fa sparire la macchina. Arriva anche Settemani, tutto contento perché la cosa del furto del borotalco non era vera; vede il ragionier Giovanni che dorme. Non vede piú la macchina, che è sparita; capisce ogni cosa e si mette a piangere: non può mica mandare la fattura ai ladri...

Subito dopo arriva il postino: – Telegramma per il ragionier Giovanni.

– Poveraccio! Gli hanno appena rubato la macchi-

Generaldirektor Mambretti hat einen Termin mit einem Geschäftsmann aus Stockholm. Die Begleitmusik fehlt ihm sehr, aber er lässt sich nichts anmerken. Nach dem Mittagessen schickt er einen Spion los, um auszukundschaften, was in der Werkstatt von Siebenhand geschieht. Der Spion kehrt sofort zurück.

«Und?»

«Dieser Siebenhand ist wirklich ein erstaunlicher Mensch, Herr Generaldirektor. Das Auto ist wieder wie neu. Siebenhand lackiert es gerade, und der Buchhalter Giovanni begleitet ihn auf seiner Geige.

Generaldirektor Mambretti haut mit der Faust auf den Tisch, dass er zerbricht. Wo man doch heutzutage so schwer einen guten Schreiner findet. Dann schickt er den Spion an eine andere Stelle. Dazu muss man wissen, dass Generaldirektor Mambretti Geheimchef einer Bande von Autodieben ist. Auf seinen Befehl hin macht sich die Bande ans Werk. Als erstes geht einer bei der Werkstatt vorbei und ruft Siebenhand: «Du sollst zu deiner Frau nach Hause kommen, weil sie ihr den Körperpuder gestohlen haben.»

«Schon wieder?» platzt Siebenhand. «Das ist schon das dritte Mal innerhalb einer Woche. Ich muss sofort nachsehen. Sie, Giovanni, warten hier auf mich.»

Siebenhand eilt nach Hause. Da kommt ein anderer in die Werkstatt und bietet dem Buchhalter Giovanni ein Sahneeis an. Der Buchhalter Giovanni nimmt es als Zeichen des Mitgefühls wegen seines Unglücks, aber im Eis ist ein Schlafmittel. Kaum ist der Buchhalter Giovanni eingeschlafen, kommt die Bande und lässt das Auto verschwinden. Siebenhand kommt wieder, ganz zufrieden, weil die Sache mit dem Puder-Diebstahl nicht stimmte. Er sieht, dass der Buchhalter Giovanni schläft. Das Auto sieht er nicht mehr, es ist weg. Sofort begreift er und fängt an zu weinen: Er kann doch die Rechnung nicht an die Diebe schicken...

Unmittelbar darauf kommt der Postbote: «Ein Telegramm für den Buchhalter Giovanni.»

«Der arme Kerl! Da haben sie ihm gerade erst das Auto

na, adesso anche un telegramma. Io non lo sveglio. Anch'io vorrei dormir cosí...

Finisce che a svegliare il ragionier Giovanni ci pensa il postino. Il telegramma dice: «Morta zia Pasqualina, vieni prendere eredità».

– Meno male, – dice Settemani. – Magari con l'eredità si compra una macchina con quattro ruote...

Il giorno dopo, mentre va in fabbrica, il commendator Mambretti domanda malignamente allo specchio retrovisore: – Specchio, specchio cortese, qual è adesso l'automobile piú bella del paese?

E lo specchio, con voce da balalaika: – È quella del ragionier Giovanni.

Il commendator Mambretti, per lo sbalordimento, passa col rosso e prende la multa. Corre in fabbrica, manda a chiamare il ragionier Giovanni, lo vede tutto allegro, pronto a suonare il *Moto perpetuo* di Paganini.

– Non ci siamo, ragonier Giovanni. Tutte queste novità, queste automobili...

– Ma quale automobile, commendatore? Guardi lei stesso con i suoi occhi personali.

Il commendator Mambretti guarda dalla finestra. In un angolo del cortile, circondato dall'ammirazione degli operai e delle impiegate, col muso tuffato in un sacchetto di avena, c'è un cavallo bianco che batte uno zoccolo per terra e fa: *Toc toc, toc,* come per dire: «Prendi, incarta e porta a casa».

– Me l'ha lasciato mia zia Pasqualina, morendo sul letto di morte.

«Chi me l'ha fatto fare, – pensa il commendatore, – di assumere un ragioniere con tante zie moribonde. Per fortuna sono il capo segreto di una banda di ladri di cavalli e prima di domani sarà sistemata anche l'eredità della zia Pasqualina. Ma lo specchio mi deve spiegare perché gli piace piú questo brocco della mia automobile, che di cavalli ne ha ventisette!»

gestohlen, und jetzt auch noch ein Telegramm! Ich wecke ihn nicht. Auch ich würde gerne so schön schlafen...»

Schließlich weckt der Postbote den Buchhalter Giovanni auf. In dem Telegramm steht: «Tante Pasqualina ist gestorben, hol dir dein Erbe ab.»

«Gott sei Dank», sagt Siebenhand. «Vielleicht kann man ja mit der Erbschaft ein Auto mit vier Rädern kaufen...»

Am nächsten Tag fragt Generaldirektor Mambretti auf seinem Weg in die Fabrik boshaft seinen Rückspiegel: «Spieglein, Spieglein an der Wand, welches ist jetzt das schönste Auto im ganzen Land?»

Und der Spiegel, mit der Stimme einer Balalaika: «Das des Buchhalters Giovanni.»

Generaldirektor Mambretti fährt vor Verblüffung über Rot und muss Strafe zahlen. Er eilt in die Fabrik, schickt jemanden nach dem Buchhalter Giovanni, findet ihn ausgesprochen fröhlich vor, gerade im Begriff, das *Moto perpetuo* von Paganini zu spielen.

«So geht es nicht, Buchhalter Giovanni. All diese Neuigkeiten, diese Autos...»

«Aber was denn für ein Auto, Herr Generaldirektor? Sehen Sie doch selbst mit eigenen Augen.»

Generaldirektor Mambretti schaut aus dem Fenster. In einer Ecke des Hofes steht, umgeben von staunenden Arbeitern und Angestellten, die Schnauze in einem Hafersack, ein weißes Pferd, das mit einem Huf auf den Boden klopft: tock, tock, tock, wie um zu sagen: «Kaufen, einpacken, mitnehmen – ätsch.»

«Das hat mir meine Tante Pasqualina auf dem Sterbebett vermacht.»

«Wer hat mich bloß dazu gebracht», denkt der Herr Generaldirektor, «einen Buchhalter mit so vielen sterbenden Tanten einzustellen. Zum Glück bin ich Geheimchef einer Bande von Pferdedieben, und vor morgen wird auch die Erbschaft der Tante Pasqualina geregelt sein. Aber der Spiegel muss mir erklären, warum ihm dieser Klepper besser gefällt als mein Auto, das siebenundzwanzig Pferdestärken hat!»

Lo specchio, invece, non spiega niente. Continua a ripetere che il cavallo del ragionier Giovanni è la piú bella automobile del paese e il commendator Mambretti ci si arrabbia, tanto che si strappa i capelli. Cosí gliene restano solo ventotto.

– Specchio del diavolo, – egli grida. – Tu sei il piú brutto giorno della mia vita. Che ti vengano gli orecchioni.

Quando gli rubano anche il cavallo bianco il ragionier Giovanni vuol diventare matto dal dolore, ma non ci riesce. Allora prende il violino e ci fa un commento musicale cosí bello, ma cosí bello che la gente viene fin da Sassuolo e da Voghera per sentirlo. Viene anche un maestro della Scala di Milano. Era fermo a far benzina sull'Autostrada del Sole e sente quel violino.

– Chi è che suona cosí bene e anche meglio? – domanda al benzinaro.

– È il ragionier Giovanni che fa il commento musicale.

Der Spiegel erklärt ihm jedoch nichts. Er wiederholt immer wieder, dass das Pferd des Buchhalters Giovanni das schönste Auto im Land ist, und Generaldirektor Mambretti wird wütend, so sehr, dass er sich die Haare ausreißt. Damit bleiben ihm nur noch achtundzwanzig.

«Teufelsspiegel», brüllt er. «Du bist der hässlichste Tag meines Lebens. Den Ziegenpeter sollst du kriegen!»

Nun stehlen sie ihm also auch noch das weiße Pferd – da möchte der Buchhalter Giovanni am liebsten verrückt werden vor Schmerz, aber es gelingt ihm nicht. Darum nimmt er seine Geige und spielt eine Begleitmusik, die so schön ist, jawohl, so schön, dass die Leute bis aus Sassuolo und Voghera kommen, um ihn zu hören. Auch ein Maestro von der Scala von Mailand kommt. Er hatte auf der Autostrada del Sol angehalten, um zu tanken, und hört diese Geige.

«Wer musiziert denn hier so wunderschön?» fragt er den Tankwart.

«Das ist der Buchhalter Giovanni, der eine Begleitmusik spielt.»

– Voglio conoscerlo.

Fa la sua conoscenza e gli dice: – Lei è il piú bravo violinista del mondo. Se viene con me, la faccio diventare ricco a palate e anche di piú.

Il ragionier Giovanni esita. Nonostante tutto egli è affezionato alla ditta Mambretti e gli piacciono gli accessori per cavatappi. Però sente tanto la mancanza del cavallo che accetta la proposta. Va a Milano. Di mestiere fa il piú bravo violinista del mondo. Guadagna un sacco di rupie e finalmente può coronare il sogno segreto della sua vita: comprare un tram da corsa!

Quando va a Modena col suo tram da corsa, tutti corrono a battergli le mani. Escono anche le monache dai conventi e il commendator Mambretti si chiude in casa per non vedere, per non sentire, per non farsi venire la voglia di strapparsi un altro capello.

«Ich will ihn kennen lernen.»

Er lernt ihn kennen und sagt zu ihm: «Sie sind der beste Geiger der Welt. Wenn Sie mit mir kommen, dann werden Sie Geld verdienen wie Heu und noch mehr.»

Der Buchhalter Giovanni zögert. Er hängt trotz allem sehr an der Firma Mambretti und die Korkenzieherzubehörteile gefallen ihm. Das Pferd fehlt ihm jedoch so sehr, dass er das Angebot annimmt. Er geht nach Mailand. Sein Beruf ist es, der beste Geiger der Welt zu sein. Er verdient einen Haufen Geld und kann sich schließlich den geheimen Traum seines Lebens erfüllen: eine Renntrambahn kaufen!

Wenn er mit seiner Renntrambahn nach Modena fährt, kommen alle Leute gelaufen und klatschen ihm Beifall, sogar die Nonnen aus den Klöstern, und der Herr Generaldirektor schließt sich zu Hause ein, um nichts zu sehen, nichts zu hören, und um nicht das Verlangen aufkommen zu lassen, sich ein weiteres Haar auszureißen.

Venezia da salvare
ovvero
Diventare pesci è facile

SCENA PRIMA

– *Ciò*, – dice il sior Tòdaro, agente delle Assicurazioni, alla siora Zanze, moglie del sior Tòdaro, – guarda qua, senti cosa dice il giornale: «Secondo il professor So Hio So Hio, dell'Università di Tokyo, nel 2000 Venezia sarà completamente sott'acqua. Emergerà dalla Laguna solo la punta del campanile di San Marco». Al 2000 manca poco. Sarà ora di correre ai ripari.

– E dove ti vuoi riparare, *benedeto*? Andremo a stare da mia sorella a Cavarzere.

– Niente affatto, – ribatte il sior Tòdaro. – È meglio che diventiamo pesci, cosí ci abituiamo a vivere sott'acqua. E risparmiamo anché la spesa delle scarpe. Suona subito l'adunata.

La siora Zanze suona la tromba. Arrivano di corsa i tre figlioletti, Bepi, Nane e Nina, che stavano a giocare in Campo San Polo. Arriva anche la nipote Rina, figlia della sorella di Cavarzere, che stava sul portone a cercare un fidanzato.

– Cosí e cosí, – annuncia il sior Tòdaro, – ci trasformeremo – in pesci e affronteremo vittoriosamente la catastrofe ecologica.

– A me il pesce non piace, – proclama il figlio Bepi. – Mi piace di piú la trippa.

– *Ciò*, – dice il sior Tòdaro – chi di trippa ferisce, di trippa perisce.

E gli ammolla una sberla.

– Ma allora, – inorridisce Bepi, – sei un padre autoritario!

– Pesci, va bene, – dice il figlio Nane, – ma di che specie?

Venedig muss gerettet werden
oder
Fisch werden ist nicht schwer

ERSTE SZENE

«Da», sagt Sior Tòdaro, Versicherungsvertreter, zu Siora Zanze, Frau von Sior Tòdaro, sieh, dir das an! Hör mal, was in der Zeitung steht: «Nach Professor So Hio So Hio von der Universität Tokio wird Venedig im Jahre 2000 vollständig unter Wasser sein. Nur noch die Spitze des Glockenturms von San Marco wird aus der Lagune heraus ragen.» Bis 2000 ist es nicht mehr lange. Es ist an der Zeit, etwas dagegen zu tun.»

«Du großer Gott, wo willst du denn hin? Wir gehen zu meiner Schwester nach Cavarzere.»

«Keinesfalls», entgegnet Sior Tòdaro. «Es ist besser, wenn wir Fische werden, dann gewöhnen wir uns daran, unter Wasser zu leben. Und wir sparen uns auch die Kosten für Schuhe. Ruf sofort alle her.»

Siora Zanze bläst auf der Trompete. Die drei Kinder Bepi, Nane und Nina, die gerade beim Spielen auf dem Campo San Polo waren, kommen angerannt. Auch Nichte Rina kommt, die Tochter der Schwester aus Cavarzere, die auf der Suche nach einem Bräutigam am Tor stand.

«So und so», kündigt Sior Tòdaro an, «wir werden uns in Fische verwandeln und siegreich der ökologischen Katastrophe trotzen.

«Fisch mag ich nicht», erklärt Sohn Bepi. «Ich mag lieber Kutteln.»

«Nun», sagt Signor Tòdaro, «wer bei Kutteln zuschlägt, wird durch Kutteln umkommen».

Und er gibt ihm eine Ohrfeige.

«Jetzt», sagt Bepi entsetzt, «bist du aber ein ganz schön autoritärer Vater!»

«Fische finde ich gut», sagt Sohn Nane, «aber was für welche?»

– Io voglio diventare una balena, – annuncia la figlia Nina.

– Quattro meno, – conclude il sior Tòdaro. – Non lo sai che la balena non è un pesce? Ma non perdiamoci in oziose polemiche classificatorie.

– Che cosa vuol dire? – domanda la siora Zanze.

– Vuol dire: mettiamoci al lavoro; chi ben comincia è a metà dell'opera, chi ha tempo non aspetti tempo e chi vivrà vedrà. Andiamo.

La siora Zanze: – Ma dove, *benedeto*? È notte fonda; tutte le belle famiglie veneziane se ne stanno al sicuro nel tepore del domestico nido, mentre la mamma, che è l'angelo del focolare, accende il televisore.

– *Ciò*, – taglia cortio il sior Tòdaro, – è proprio l'ora giusta: Presto, in fila, allineati e coperti, pancia in dentro, petto in fuori, avanti, *marsh*! Un momento che prendo il cappello.

Vanno in riva al rio, entrano in acqua e si dànno da fare per diventare pesci.

– Prima le pinne, mi raccomando, – insegna il sior Tòdaro. – Bisogna farsene crescere una sul braccio destro e una sul braccio sinistro.

– Le scaglie, – domanda la nipote Rina, – di che colore me le faccio? Forse viola, dato che sono bionda.

La siora Zanze vorrebbe una coda rossa, ma intanto le viene in mente un pensiero: – *Ciò*, Tòdaro, come faranno domani mattina i bambini ad andare a scuola?

– Non ti distrarre, Zanze, concentrati.

Ma i bambini hanno sentito. La prospettiva dell'imprevista vacanza s'illumina davanti a loro come il Canalazzo la sera della regata storica. Essi raddoppiano gli sforzi e in pochi istanti ottengono magnifiche pinne laterali che spuntano sforacchiando le magliette.

– *Ciò*, le magliette nuove! – strilla lamentosamente la siora Zanze.

«Ich möchte ein Walfisch werden», verkündet die Tochter Nina.

«Vier minus», urteilt Sior Tòdaro. «Weißt du denn nicht, dass der Walfisch kein Fisch ist? Aber verlieren wir uns nicht in unnützen Klassifizierungsstreitigkeiten.»

«Was soll das heißen?» fragt Siora Zanze.

«Das soll heißen: machen wir uns an die Arbeit. Gut begonnen ist halb gewonnen, wer Zeit hat, braucht auf Zeit nicht zu warten, und wer lebt, wird sehen. Gehen wir.»

Siora Zanze: «Aber wohin denn, um Gottes Willen? Es ist finstere Nacht. Alle guten venezianischen Familien befinden sich sicher im warmen heimischen Nest, während die Mama, der Engel am Herd, den Fernseher einschaltet»

«Das», unterbricht sie Sior Tòdaro, «ist genau die richtige Stunde. Los, angezogen und in Reih und Glied angetreten, Bauch rein, Brust raus, Marsch! Einen Augenblick, ich hole noch meinen Hut.»

Sie gehen zum Ufer des Kanals, steigen ins Wasser und machen sich daran, Fische zu werden.

«Erst die Flossen, natürlich», belehrt sie Sior Tòdaro. Man muss sich eine am rechten Arm und eine am linken Arm wachsen lassen.»

«Die Schuppen», fragt die Nichte Rina, «in welcher Farbe soll ich sie mir machen? Vielleicht violett, weil ich blond bin?»

Siora Zanze möchte einen roten Schwanz, aber da fällt ihr etwas ein: «He, Tòdaro, wie kommen die Kinder denn morgen in die Schule?»

«Sei nicht so zerstreut, Zanze, konzentrier dich!»

Aber die Kinder haben es gehört. Die Aussicht auf unvorhergesehene Ferien leuchtet vor ihnen auf wie der Canal Grande am Abend der historischen Regatta. Sie geben sich doppelt so viel Mühe und haben in kurzer Zeit wunderschöne Seitenflossen, die sich durch ihre Unterhemden bohren und sie durchlöchern.

«Ach, die neuen Hemden!» schreit und jammert Siora Zanze.

– Bravi, bravi! – approva invece il sior Tòdaro.
Anche lui, del resto, è entrato in acqua con la giacca e le pinne gli bucano le maniche.
– Non diventeremo mica pesci piccoli, che poi i pesci grandi ci mangiano?- domanda la figlia Nina a Rina.
– Al contrario, saremo i pesci piú grossi della Laguna e mangeremo tutti gli altri.
– Io preferisco la trippa, – ribadisce il figlio Bepi, guizzando ad ogni buon conto lontano dal padre per non prendere un altra sberla.

SCENA SECONDA

Mattinata nebbiosa sul Canal Grande. Vaporetti che vanno, vaporetti che vengono. Gondole e motoscafi in ordine sparso. Paròn Rocco, al comando di un barcone da carico, carico di mostarda, mentre guarda in acqua, vede un grosso pesce che si leva educatamente il cappello e gli rivolge la parola:
– Allora, la fa o non la fa questa assicurazione? Guardi che nebbia. Se le succede un incidente, ci lascia i quattrini e la mostarda. Pensi ai suoi bambini, *ciò*!
– Sior Tòdaro… Ma è proprio lei? *Poareto*, se lo trovano i vigili urbani! Lo sa bene che è proibito fare il bagno in Canalazzo.

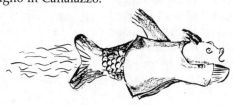

«Sehr gut, sehr gut!» lobt hingegen Signor Tòdaro.
Auch er ist nämlich mit der Jacke ins Wasser gestiegen und die Flossen durchlöchern seine Ärmel.

«Wir werden doch nicht etwa kleine Fische, so dass uns die großen dann fressen?» fragt die Tochter Nina Rina.

«Ganz im Gegenteil. Wir werden die größten Fische der Lagune sein und alle anderen auffressen.»

«Ich mag lieber Kuddeln», wiederholt Sohn Bepi und schnellt vorsichtshalber von seinem Vater weit weg, um nicht wieder eine Ohrfeige abzukriegen.»

ZWEITE SZENE

Ein nebliger Morgen am Canal Grande. Vaporetti fahren ab, Vaporetti kommen an. Gondeln und Schnellboote verstreut. Paròn Rocco, der das Kommando über einen Frachtkahn mit Senf-Ladung hat, sieht, wie er ins Wasser schaut, einen großen Fisch, der höflich den Hut zieht und ihn anspricht:

«Also schließen Sie nun die Versicherung ab oder nicht? Sehen Sie doch, wie neblig es ist! Wenn Ihnen etwas passiert, verlieren Sie die Kröten und den Senf. Denken Sie doch an Ihre Kinder!»

«Sior Tòdaro... Sind Sie es wirklich? Um Gottes Willen, wenn die Stadtpolizei Sie sieht! Sie wissen doch, dass das Baden im Canalazzo verboten ist.»

– Io non sono un bagnante, sono un assicuratore.

Dai vaporetti, dalle gondole, dai motoscafi le facce si voltano tutte da questa parte per vedere il pesce parlante. Solo un turista inglese si volta dall'altra parte, disgustato, borbottando: – Dio mio, cosa mi tocca vedere: su un vestito grigio... un cappello marrone. Roba dell'altro mondo.

SCENA TERZA

Dal ponte dell'Accademia il giovane Sebastiano Morosini, di Padova, studente in Belle Arti, erede di una villa affrescata dal Tiepolo e di quattro fattorie in cui si producono Recioto e Amarone, osserva tristemente la scia di un barcone da carico; carico di marmellata di mirtilli. Egli è innamorato della contessa Novella, ma la contessa gli ha preferito un dottore in economia e commercio di Cosenza, con il quale è partita per l'Egitto; passeranno il Natale in cima alle piramidi. Il giovane Sebastiano medita se gli convenga suicidarsi subito, buttandosi dal ponte, o fare prima una crociera alle isole Galapagos per vedere, almeno una volta, gli iguana allo stato brado.

A un tratto – sogno o son desto? – egli vede guizzare elegantemente nell'acqua la Rina di Cavarzere, figlia della sorella della moglie del sior Tòdaro, piú bella che mai nelle sue scaglie viola che fanno delizioso contrasto con i capelli biondi. Impallidisce, al confronto, il ricordo della contessa Novella, che ha i capelli ossigenati e il naso, per la verità, un po' troppo lungo.

– Signorina, – grida il giovane Sebastiano, in preda all'ispirazione, – mi permette di accompagnarla?

La Rina nota che il giovane ha gli occhi azzurri e intuisce che egli è l'erede di una villa affrescata dal Tiepolo. Gli sorride, per fargli capire che la sua compagnia sarebbe apprezzata come merita. Il giovane

«Ich bin kein Badender, sondern Versicherer.»

Auf den Motorschiffen, auf den Gondeln und auf den Schnellbooten drehen sich alle Köpfe in diese Richtung, um den sprechenden Fisch zu sehen. Nur ein englischer Tourist wendet sich angeekelt ab und murmelt: «Mein Gott, was muss ich da sehen: zu einem grauen Anzug... ein brauner Hut. Wie aus einer anderen Welt.»

DRITTE SZENE

Von der Accademiabrücke beobachtet der junge Sebastiano Morosini aus Padua, Student der Schönen Künste, Erbe einer Villa mit Tiepolo-Fresken und von vier Landgütern, auf denen Recioto und Amarone hergestellt wird, traurig das Kielwasser eines mit Heidelbermarmelade beladenen Frachtkahns. Er ist in die Gräfin Novella verliebt, aber die Gräfin hat ihm einen Doktor der Betriebswirtschaft aus Cosenza vorgezogen, mit dem sie nach Ägypten gefahren ist. Sie werden Weihnachten oben auf den Pyramiden verbringen. Der junge Sebastiano denkt darüber nach, ob er sich gleich umbringen und von der Brücke springen oder erst eine Kreuzfahrt zu den Galapagos-Inseln machen soll, um wenigstens einmal die frei lebenden Leguane zu sehen.

Plötzlich – träume ich oder bin ich wach? – sieht er Rina aus Cavarzere, die Tochter der Schwester der Frau des Sior Tòdaro, elegant durchs Wasser gleiten, schöner denn je mit ihren violetten Schuppen, die sich ganz ausgezeichnet von ihrem blonden Haar abheben. Verglichen damit verblasst die Erinnerung an die Gräfin Novella, denn die hat blondgefärbte Haare und, ehrlich gesagt, eine etwas zu lange Nase.

«Signorina», ruft der junge Sebastiano auf eine plötzliche Eingebung hin, «erlauben Sie mir, Sie zu begleiten?»

Rina bemerkt, dass der junge Mann blaue Augen hat und ahnt, dass er Erbe einer Villa mit Fresken von Tiepolo ist. Sie lächelt ihm zu, um ihm zu verstehen zu geben, dass seine Gesellschaft so gern gesehen ist, wie er es verdient. Der

Sebastiano, senza esitare, si tuffa in acqua, diventa un pesce e passeggia con la bella Rina su e giú per i canali, descrivendole una per una le sue quattro fattorie. Le racconta la storia dei suoi infelici amori con la contessa Novella; le illustra alcuni suoi progretti per l'avvenire, come, per esempio: dipingere le acque della Laguna, di bianco il lunedí, di giallo il martedí, di rosso il mercoledí, eccetera; riunire l'Italia, l'Austria e la Jugoslavia in un solo Stato, con capitale Venezia; scrivere un romanzo di mille pagine fatto tutto e solamente di punti e di virgole, senza nemmeno una parola, eccetera.

La bella Rina ascolta ed è felice.

NUOVI SVILUPPI

La siora Zanze porta Bepi, Nane e Nina a notare dalle parti di Cannaregio. Molti ragazzi del popolare sestiere, in uno slancio di sana emulazione, si gettano in acqua e si fanno insegnare dai figli del sior Tòdaro come si fa a trasformarsi in pesci. Quei pochi che non ci riescono tornano a riva e vanno a casa a cambiarsi i pantaloni. Gli altri esultano, agitando le nuovissime pinne.

Purtroppo li vede dal suo terrazzino una vecchia maestra in pensione. Invece di pensare ai fatti suoi, l'invadente signora, vedova di un forte giocatore di bocce, pensa: «È peccato che tanti ragazzini, diventando pesci, debbano rinunciare alla scuola. Ai libri di lettura, che amano. Al sussidiario di storia, geografia e scienze, che adorano. A quei bei dettati, temi e problemi di cui vanno pazzi».

Piú ci pensa e piú si monta, come succede. Alla fine indossa la sua vecchia, cara uniforme da maestra, bacia la fotografia del defunto campione di bocce, si cala in rio e diventa un pesce-maestra.

– Bambini! Tutti qui! – ordina, battendo le pinne.

junge Sebastiano springt ohne zu zögern ins Wasser, wird zum Fisch und spaziert mit der schönen Rina die Kanäle auf und ab, wobei er ihr seine vier Landgüter, eines nach dem anderen beschreibt. Er erzählt ihr die Geschichte über seine unglückliche Liebe zur Gräfin Novella, erklärt ihr bilderreich einige seiner Zukunftspläne, wie zum Beispiel: das Wasser der Lagune zu malen, montags weiß, dienstags gelb, mittwochs rot und so fort; Italien, Österreich und Jugoslawien in einem einzigen Staat zu vereinen, mit der Hauptstadt Venedig; einen Roman von tausend Seiten zu schreiben, der ganz und gar nur aus Punkten und Kommas besteht, ohne auch nur ein einziges Wort, und so weiter.

Die schöne Rina hört zu und ist glücklich.

NEUE ENTWICKLUNGEN

Siora Zanze schwimmt mit Bepi, Nane und Nina nach Cannaregio. Viele Kinder aus dem beliebten Stadtteil stürzen sich in einem Anfall gesunder Nacheiferung ins Wasser und lassen sich von den Kindern des Sior Tòdaro beibringen, wie man sich in einen Fisch verwandelt. Die wenigen, denen es nicht gelingt, kehren zum Ufer zurück, gehen nach Hause und wechseln ihre Hosen. Die anderen jauchzen und wackeln mit den nagelneuen Flossen.

Leider sieht eine alte pensionierte Lehrerin sie von ihrem Balkon aus. Statt sich um ihre eigenen Belange zu kümmern, denkt die aufdringliche Signora, Witwe eines guten Boccia-Spielers: «Schade, dass so viele Kinder, wenn sie Fische werden, auf die Schule verzichten müssen, auf die Lesebücher, die sie lieben, auf die Geschichts-, Erdkunde- und Naturkunde-Bücher, die sie bewundern, auf die schönen Diktate, Aufsätze und Aufgaben, nach denen sie ganz verrückt sind.»

Je mehr sie das denkt, desto mehr steigert sie sich hinein, wie es so geht. Schließlich zieht sie ihre alte geliebte Lehreruniform an, küsst das Foto des verstorbenen Boccia-Meisters, steigt in den Kanal und wird zum Lehrerin-Fisch.

«Kinder, hierher!» ruft sie und klatscht in die Flossen.

Quelli, in quanto pesci, vorrebbero immediatamente nuotare al largo, verso Murano, verso Burano e anche piú in là di Torcello; in quanto bambini, però, sono condizionati alla voce della maestra e obbediscono senza fiatare. Cominciano subito a darsi spintoni, a farsi la spia, a mostrarsi la lingua e ad esercitarsi sul sistema metrico decimale.

I piú delusi sono Bepi, Nane e Nina, che dalla loro nuova condizione si attendevano una vacanza perpetua. La siora Zanze, invece, è contenta perché, mentre la maestra intrattiene i bambini, essa può chiacchierare con le comari sedute a sgranare i piselli in riva all'acqua. La sua coda rossa desta molto interesse.

Altri notevoli avvenimenti si verificano in altri sestieri della città. Il sior Tòdaro, sfruttando la curiosità del popolino nei suoi confronti, riesce a concludere numerosi contratti di assicurazione sulla vita, contro gli incendi, contro gli avvelenamenti da pesce guasto, eccetera. Ma dà nell'occhio un tantino. La voce che un grosso pesce si aggira per i canali, levandosi ogni tanto il cappello, richiama ogni sorta di sfaccendati, tra i quali il padron di casa del sior Tòdaro.

«*Ciò*, – egli pensa nella sua mente venale, – ecco dunque il sistema che hai studiato per non pagarmi l'affitto. Ingegnoso. Ma non mi freghi».

Si tuffa, diventa un pesce e insegue il sior Tòdaro, gridando: – Allora, queste quarantamila? Eh? Queste quarantamila?

Sentendo parlare di soldi, un venditore di elettrodomestici si ricorda improvvisamente che il sior Tòdaro non ha finito di pagargli le rate del televisore. Giú anche lui dal ponticello.

Presso le Zattere, un prete vede passare la bella Rina e il giovane Sebastiano assorti nella loro conversazione. Uomo perspicace e attivissimo, egli indovina immediatamente che i due fidanzati, essendo diventati pesci, non potranno sposarsi in chiesa.

Als Fische, die sie sind, würden die Kinder am liebsten sofort das Weite suchen und nach Murano, nach Burano oder auch noch weiter als Torcello schwimmen. Als Kinder sind sie jedoch auf die Stimme der Lehrerin geprägt und gehorchen ohne aufzumucken. Sofort fangen sie an sich zu schubsen, zu petzen, die Zunge heraus zu strecken und das Dezimal-System zu üben.

Am meisten enttäuscht sind Bepi, Nane und Nina, die sich von ihrer neuen Situation immerwährende Ferien erwartet hatten. Siora Zanze dagegen ist zufrieden, weil sie, während die Lehrerin die Kinder beschäftigt, mit den Nachbarinnen tratschen kann, die am Kanal-Ufer sitzen und Erbsen aushülsen. Ihr roter Schwanz weckt großes Interesse.

Andere bemerkenswerte Ereignisse geschehen in anderen Teilen der Stadt. Sior Tòdaro nutzt die Neugierde der Leute und schließt zahlreiche Lebensversicherungen ab sowie Versicherungen gegen Brand, gegen Fischvergiftung und so fort. Aber er fällt ein bisschen auf. Das Gerücht, dass ein großer Fisch durch die Kanäle schwimmt und ab und zu den Hut zieht, lockt jede Art von Müßiggängern an, darunter auch den Hausherrn des Sior Tòdaro.

«Aha», denkt der in seinem geldgierigen Hirn. «Das hast du dir also ausgedacht, um mir keine Miete zahlen zu müssen. Sehr schlau. Aber mich kannst du nicht übers Ohr hauen.»

Er springt ins Wasser, wird Fisch, verfolgt Sior Tòdaro und schreit: «Nun, wo sind die Vierzigtausend? He? Die Vierzigtausend?!»

Ein Verkäufer für Elektrogeräte hört von Geld reden und erinnert sich plötzlich, dass Sior Tòdaro die Raten für den Fernseher nicht abbezahlt hat. Auch er springt von der Brücke hinab.

Bei den Zattere sieht ein Priester die schöne Rina und den jungen Sebastiano in ihre Unterhaltung vertieft vorbei ziehen. Als scharfsinniger und umtriebiger Mensch errät er gleich, dass die beiden Verlobten, nachdem sie Fische geworden sind, nicht in der Kirche werden heiraten können.

All'istante egli concepisce il progetto di diventare un prete-pesce, per dare assistenza religiosa ai nuovi pesci. Detto e fatto, eccolo che nuota con due pinne a forma di ali d'arcangelo. La Laguna si popola.

ULTIME NOTIZIE

Il piccolo Bepi non ama il sistema metrico decimale. I millimetri non gli dicono nulla. Gli ettolitri lo lasciano freddino. Gli piace di piú la trippa, come già sappiamo. Ecco perché a un certo punto egli decide di allontanarsi dalle acque scolastiche e di ritirarsi sul fondo a meditare in orgogliosa solitudine. E che cosa scopre? Che la Laguna è completamente intasata. Laggiú, dove ci dovrebbero essere molli sabbie e tiepida fanghiglia, cozze e datteri di mare (si fa per dire), ci sono invece montagne di pratiche inevase, chiuse in pesantissimi raccoglitori. Ce ne sono migliaia di metri cubi, quintali di tonnellate, megatoni a non finire.

– *Ciò*, – dice Bepi, – ecco i danni del sistema metrico decimale. Per forza il livello dell'acqua è tanto pericolosamente salito. Vorrei vedere il loro lavandino, a buttarci tanta cartaccia.

Non è chiaro a chi si riferisca quel «loro», ma la cosa non ci riguarda. Il figlio Bepi, del resto, è già corso a dare l'allarme. Egli ferma la lancia dei pompieri e informa rapidamente il comandante della sua scoperta: –Cosí e cosí; è tutta colpa degli ostacoli burocratici. Se li rimuovete, andrà a posto ogni cosa.

– *Ciò!* – esclama il comandante. – Ma ce l'hai la patente di pesce?

Naturalmente dice cosí perché, essendo veneziano, gli va di scherzare. Ma poi non perde mica tempo a domandargli chi è suo padre: mobilita i vigili del fuoco e dell'acqua e comincia subito a dragare i ca-

Auf der Stelle beschließt er, ein Priester-Fisch zu werden, um den neuen Fischen religiösen Beistand zu geben. Gesagt, getan, da schwimmt er schon mit zwei Flossen wie mit Flügeln eines Erzengels. Die Lagune bevölkert sich.

LETZTE NACHRICHTEN

Der kleine Bepi mag das Dezimal-System nicht. Die Millimeter sagen ihm gar nichts. Die Hektoliter lassen ihn ziemlich kalt. Er mag viel lieber Kutteln, wie wir schon wissen. Und darum beschließt er nach einer Weile, sich aus den schulischen Gewässern zu entfernen und auf den Grund zurückzuziehen, um in stolzer Einsamkeit nachzudenken. Und was entdeckt er? Dass die Lagune vollkommen zugestopft ist. Dort unten, wo weicher Sand sein sollte und lauwarmer Schlamm, Miesmuscheln und Meerdatteln (sagen wir mal so), befinden sich stattdessen Berge von unerledigten Fällen in irrsinnig schweren Akten. Tausende von Kubikmetern, zentnerweise Tonnen, Megatonnen ohne Ende.

«Aha,» sagt Bepi, «hier sind die schädlichen Auswirkungen des Dezimalsystems. Deswegen ist der Wasserspiegel so gefährlich gestiegen. Ich wüsste gern, wie denen ihr Waschbecken aussähe, wenn man so viel Papierkram hineinstopfen würde.»

Es ist nicht klar, auf wen sich dieses «denen ihr» bezieht, aber das Ganze betrifft uns nicht. Sohn Bepi hat übrigens schon Alarm geschlagen. Er hält das Rettungsboot der Feuerwehr an und berichtet schleunigst dem Kommandanten von seiner Entdeckung: «So und so; das ist alles die Schuld der bürokratischen Hindernisse. Wenn ihr sie beseitigt, wird alles in Ordnung gehen.»

«So!» ruft der Kommandant aus. «Aber hast du denn die Fischlizenz?»

Natürlich sagt er das, weil er als Venezianer gerne scherzt. Doch dann verliert er keine Zeit, um nach seinem Vater zu fragen. Er benachrichtigt die Feuer- und die Wasserpolizei und lässt sofort die Kanäle ausbaggern, um die oben er-

nali per rimuovere i suddetti ostacoli burocratici. Per prendere due piccioni con una fava sola, li fa trasportare ai Murazzi e rinforza le difese a mare. Dopo una decina di viaggi si manifestano i primi benefici effetti dell'operazione. Il livello della Laguna scende, il sottosuolo alleggerito di quei pesi mostruosi s'innalza. Isole e fondamenta, ponti e «sottopòrteghi» si sollevano fino a raggiungere un decente equlibrio con la superficie Iagunare. Venezia è salva! *Din don, din don!* (Sono le campane della città che suonano a festa).

Il sior Tòdaro raduna la famiglia, dà il cessato allarme e guida i suoi cari fuori dell'acqùa: – Non c'è piú bisogno, dice, di fare i pesci. Possiamo tornare a fare i veneziani. Bravo Bepi! Questa sera festeggeremo l'avvenimento con una bella frittura di gamberi e calamari.

– No! – grida il figlio Bepi, fuori di sé. Voglio la trippa!

Anche la madre e i fratelli gli dànno man forte. Anche la bella Rina e il giovane Sebastiano, che domani si sposeranno e partiranno per Mestre in viaggio di nozze.

– Va bene, – dice il sior Tòdaro, – a te la trippa.
E allunga il passo, per distanziare i creditori.

wähnten bürokratischen Hindernisse zu beseitigen. Um zwei Fliegen mit einer Klappe zu schlagen, lässt er sie zu den Murazzi bringen und stärkt so die Verteidigung zur See. Nach etwa zehn Fahrten zeigen sich die ersten Erfolge dieser Aktion. Der Wasserspiegel der Lagune sinkt, und der von diesem ungeheuerlichen Gewicht befreite Boden hebt sich. Inseln und Fundamente, Brücken und Torbögen heben sich, bis sie sich einigermaßen im Gleichgewicht mit der Wasseroberfläche der Lagune befinden. Venedig ist gerettet! Ding, dong, ding, dong! (Das sind die Glocken der Stadt, die festlich läuten).

Sior Tòdaro versammelt die Familie, gibt Entwarnung und führt seine Lieben aus dem Wasser: «Es ist nun nicht mehr vonnöten,» sagt er, «dass wir Fische sind. Wir können uns wieder in Venezianer verwandeln. Bravo Bepi! Heute Abend werden wir das Ereignis mit Gamberi und Calamari feiern.»

«Nein!» brüllt der Sohn Bepi außer sich. «Ich will Kutteln!»

Auch die Mutter und die Geschwister unterstützen ihn sehr sowie die schöne Rina und der junge Sebastiano, die morgen heiraten und auf Hochzeitsreise nach Mestre fahren werden.

«Also gut», sagt Sior Tòdaro, «für dich Kutteln».

Und er geht schneller, um seine Gläubiger abzuschütteln.

Il professor Terribilis
ovvero
La morte di Giulio Cesare

Oggi il professor Terribilis è piú alto del solito. Gli succede sempre cosí nei giorni d'interrogatorio. Gli studenti misurano con sguardi di precisione la sua statura: è cresciuto di almeno venticinque centimetri. È cresciuto tanto che gli si vedono i calzini viola in fondo ai pantaloni marrone, e sopra i calzini una fettina di ciccia bianca, che di solito si tiene pudicamente sottocoperta.

– Ci siamo, – sospirano le masse studentesche, – era meglio se andavamo a giocare ai birilli.

Il professor Terribilis sfoglia i suoi fascicoli e an-

Professor Terribilis
oder
Julius Caesars Tod

Heute ist Professor Terribilis größer als sonst. An Tagen mit mündlichen Prüfungen ist das bei ihm immer so. Die Schüler schätzen mit maßnehmenden Blicken seine Größe: Er ist mindestens um fünfundzwanzig Zentimeter gewachsen. Er ist derart gewachsen, dass seine violetten Socken unter seiner braunen Hose hervorschauen, und man über den Socken einen Streifen bleicher Haut sieht, die üblicherweise schamhaft bedeckt ist.

«Da haben wirs», stöhnt die Schülerschar, «es wäre besser gewesen, wir wären kegeln gegangen.»

Professor Terribilis blättert seine Hefte durch und ver-

nuncia: – Vi ho convocati qui per sapere la verità e di qui non uscirete né vivi né morti se non me l'avrete detta. Chiaro? Venga... vediamo un po' l'elenco degli imputati: Albani, Albetti, Albini, Alboni, Albucci... Bene, venga Zurletti.

Lo studente Zurletti, che è l'ultimo in ordine alfabetico, si afferra al banco per rimandare l'istante fatale e chiude gli occhi per avere l'illusione di trovarsi all'isola d'Elba a fare la pesca subacquea. Infine si alza, con la lentezza con cui si alzano le navi da settemila tonnellate laggiú nelle chiuse del Canale di Panama, si trascina verso la cattedra facendo un passo avanti e due indietro.

Il professor Terribilis lo trafigge in piú punti del corpo con occhiate incandescenti e lo punzecchia con numerose frasi pungenti: – Caro Zurletti, glielo dico per il suo bene: prima confessa, prima la rimetto in libertà. Lei sa d'altronde che non mi mancano i mezzi per farla parlare. Mi dica dunque in fretta e senza reticenze quando, come, da chi, dove e perché è stato ucciso Giulio Cesare. Precisi com'era vestito quel giorno Bruto, quanto era lunga la barba di Cassio e dove si trovava in quel momento Marco Antonio. Aggiunga che numero di scarpe portava la moglie del dittatore e quanto aveva speso quella mattina al mercato in mozzarella di bufala.

Sotto questa tempesta di domande, lo studente Zurletti vacilla... Le sue orecchie tremano... Terribilis gliele tagliuzza ripetutamente con parole taglienti...

– Confessi! – incalza il professore con voce incalzante, elevandosi di altri cinque centimetri (ora in fondo ai calzoni gli si vede quasi tutto il polpaccio).

– Voglio il mio avvocato, – mormora Zurletti.

– Niente da fare, amico. Qui non siamo né in Questura né in Tribunale. Lei ha diritto a un avvocato quanto a un biglietto gratis per le Azzorre. Lei

kündet: Ich habe euch hier versammelt, um die Wahrheit zu erfahren, und bevor ihr mir sie nicht gesagt habt, kommt ihr hier weder tot noch lebendig raus. Ist das klar? Also ... sehen wir mal im Angeklagtenverzeichnis nach: Albani, Albetti, Albini, Alboni, Albucci... Also gut: Zurletti vor!

Der Schüler Zurletti, im Alphabet der letzte, klammert sich an der Bank fest, um den schicksalsschweren Augenblick hinauszuzögern, schließt die Augen und gibt sich der Illusion hin, er befände sich auf der Insel Elba beim Unterwasserfischen. Schließlich erhebt er sich mit der Langsamkeit, mit der Schiffe von siebentausend Tonnen an den Schleusen des Panamakanals hochkommen, und schleppt sich – einen Schritt vorwärts, zwei zurück – zum Pult.

Professor Terribilis durchbohrt ihn an mehreren Stellen des Körpers mit glühenden Blicken und peinigt ihn mit zahlreichen bissigen Fragen: «Lieber Zurletti, ich meine es gut mit Ihnen: je eher Sie gestehen, desto eher werden Sie wieder frei sein. Sie wissen ja, dass es mir nicht an Mitteln fehlt, Sie zum Sprechen zu bringen. Sagen Sie mir also schnell und ohne zu zögern, wann, wie, von wem, wo und warum Julius Caesar ermordet wurde. Sagen Sie genau, was Brutus an jenem Tage trug, wie lang der Bart von Cassius war und wo sich in diesem Augenblick Markus Antonius befand. Sagen Sie uns ferner, welche Schuhgröße die Frau des Diktators hatte und wie viel sie an jenem Morgen auf dem Markt für Büffel-Mozzarella ausgegeben hat.

Der Schüler Zurletti schwankt unter diesem Hagel von Fragen... Seine Ohren zittern... Terribilis zerschneidet sie ihm ständig mit schneidenden Worten...

«Gestehen Sie!» bedrängt ihn der Professor mit drohender Stimme, wobei er noch einmal fünf Zentimeter größer wird (jetzt schauen unter der Hose fast die ganzen Waden hervor).

«Ich will meinen Anwalt», murmelt Zurletti.

«Nichts da, mein Freund. Wir sind hier weder auf dem Polizeipräsidium noch bei Gericht. Sie haben genau so viel Recht auf einen Anwalt wie auf eine Gratis-Fahrkarte

deve solo confessare. Che tempo faceva il giorno del delitto?

– Non ricordo...

– Naturalmente. Immagino che lei non ricordi nemmeno se Cicerone era presente, se aveva l'ombrello o il cornetto acustico, se era giunto sul posto in taxi o in carrozzella...

– Non so nulla.

Zurletti si sta lievemente rinfrancando. Sente che la classe lo sostiene nei suoi titanici sforzi per resistere alla pressione dell'inquisitore. Alza la testa di scatto:

– Non parlerò!

Applausi.

Terribilis: – Silenzio, o faccio sgombrare l'aula!

Ma Zurletti ha ormai dato fondo alle sue energie e crolla svenuto. Terribilis fa chiamare un bidello, che arriva di corsa con un secchio d'acqua e lo versa sul volto del malcapitato. Zurletti riapre gli occhi, lecca golosamente l'acqua che gli scorre nei pressi delle labbra: oddio, è acqua salata! Non farà che accrescere le sue torture...

Ora il professor Terribilis è tanto alto che urta il soffitto con la testa e si fa un bernoccolo.

– Confessa, manigoldo? Sappi che tengo la tua famiglia in ostaggio!

– Ah, no, questo no...

– E invece sí. Bidello!...

Il bidello ricompare spingendo davanti a sé il padre di Zurletti, di anni trentotto, impiegato postelegrafonico. Egli ha le mani legate dietro la schiena. Tiene la testa bassa. Si rivolge al figliolo con un fil di voce che non basterebbe per dire «pronto» al telefono.

– Parla, Alduccio mio! Fallo per papà tuo, per tua madre che si strugge in lacrime, per le tue sorelline in convento...

zu den Azoren. Sie müssen nur alles gestehen. Was für ein Wetter war am Tag des Verbrechens?»

«Ich erinnere mich nicht...»

«Klar. Ich kann mir vorstellen, dass Sie sich nicht einmal daran erinnern, ob Cicero anwesend war, ob er einen Schirm oder ein Hörrohr hatte, ob er mit dem Taxi oder mit der Kutsche angekommen war...»

«Ich weiß gar nichts.»

Zurletti fasst neuen Mut. Er fühlt, dass die Klasse ihn mit ihren titanischen Kräften unterstützt, dem Druck des Inquisitors zu widerstehen. Mit einem Ruck hebt er den Kopf:

«Ich werde nichts sagen!»

Beifall.

Terribilis: «Ruhe oder ich lasse das Zimmer räumen!»

Aber Zurletti hat bereits seine Kräfte verausgabt und bricht ohnmächtig zusammen. Terribilis lässt den Pedell rufen, der mit einem Eimer voll Wasser herbei eilt und ihn über das Gesicht des Unglückseligen schüttet. Zurletti öffnet wieder die Augen und leckt genüsslich das Wasser ab, das ihm um den Mund herunterläuft: Aber, oh Gott, es ist Salzwasser! Das verschlimmert seine Qualen nur noch...

Jetzt ist Professor Terribilis so groß, dass er mit dem Kopf an die Decke stößt und sich eine Beule holt.

«Gesteh, du Lump! Damit du es weißt, ich habe deine Familie als Geiseln genommen!»

«Nein, das bitte nicht!»

«Oh doch! Pedell!...»

Der Pedell erscheint wieder, den Vater von Zurletti, achtunddreißig Jahre, Angestellter beim Telegrafenamt, vor sich her schiebend. Er hat die Hände hinter dem Rücken gefesselt, den Kopf gesenkt. Mit einem Hauch von Stimme, die nicht einmal für ein «Hallo» am Telefon ausreichen würde, sagt er zu seinem Sohn:

«Sprich, mein kleiner Aldo! Tu es für deinen Papa, für deine Mutter, die in Tränen zerfließt, für deine Schwestern im Kloster...»

– Basta cosí, – intima il professor Terribilis. – Si ritiri.

Zurletti padre se ne va, invecchiando a vista d'occhio. Ciocche di capelli bianchi si staccano dal suo capo venerando, cadono sulle mattonelle senza rumore.

Lo studente Zurletti singhiozza. Dal suo banco si leva allora lo studente Zurlini, sempre generoso, e con voce ferma proclama:

– Professore, parlerò io!

– Finalmente, – esulta il professor Terribilis. – Mi dica tutto.

Le masse studentesche inorridiscono al pensiero di aver allevato una spia nel proprio seno. Esse non sanno ancora di che cosa è capace il generoso Zurlini...

– Giulio Cesare, – egli dice, fingendo di arrossire per la vergogna, – cadde trafitto da ventiquattro pugnalate.

Il professor Terribilis è troppo stupido per reagire immediatamente. La sua statura decresce di svariati decimetri in un sol colpo.

– Come?!? – egli balbetta. – Non erano ventitre?

– Ventiquattro, professore, – conferma Zurlini senza esitazioni. Molti hanno mangiato la foglia e appoggiano la sua dichiarazione: - Ventiquattro, ventiquattro, Vostro Onore!

– Ma io ho le prove, – insiste Terribilis. – Conservo agli atti la celebre ode del nostro Poeta e Vate, là dov'egli descrive i sentimenti della statua di Pompeo nel momento in cui il generale cade ai suoi piedi sotto i pugnali dei congiurati. Eccovi la citazione esatta, come risulta dai verbali:

Pompeo nel gelido
marmo sta zitto,
ma tra sé gongola
– Caio, sei fritto!

«Schluss jetzt!» gebietet Professor Terribilis. «Ziehen Sie sich zurück!»

Vater Zurletti geht, sichtlich gealtert. Weiße Haarlocken lösen sich von seinem ehrwürdigen Kopf und fallen lautlos auf den Kachelboden.

Der Schüler Zurletti schluchzt. Nun steht der immer sehr großmütige Schüler Zurlini von seiner Bank auf und erklärt mit fester Stimme:

«Herr Professor, ich werde reden!»

«Na endlich!», jubelt Professor Terribilis. «Sagen Sie mir alles.»

Die Schülerschar ist entsetzt bei dem Gedanken, einen Spion an ihrem eigenen Busen herangezogen zu haben. Noch wissen sie nicht, wozu dieser großmütige Zurlini fähig ist...

«Julius Caesar», sagt er und tut so, als errötete er aus Scham, «fiel durch vierundzwanzig Dolchstöße, die ihn durchlöcherten.»

Professor Terribilis ist zu verblüfft, um sofort reagieren zu können. Er wird auf einen Schlag um mehrere Zentimeter kleiner.

«Wie?!?» stottert er. «Waren es nicht dreiundzwanzig?»

«Vierundzwanzig, Herr Professor», wiederholt Zurlini ohne zu zögern. Viele haben den Wink verstanden und unterstützen seine Erklärung: «Vierundzwanzig, vierundzwanzig, Euer Ehren!»

«Aber ich habe Beweise», beharrt Terribilis. «Ich habe in meinen Unterlagen die berühmte Ode unseres Poeten und Dichters, die Stelle, wo er die Gefühle der Statue des Pompeius beschreibt, in dem Augenblick, in dem der Herrscher unter den Dolchstößen der Verschwörer ihr vor die Füße stürzt. Hier sind die genauen Worte:

Pompeius im kalten
Marmor schweigt,
doch im Stillen frohlockt er:
Gaius, du hast vergeigt!

E mentre Cesare
cade ai suoi piè
i buchi éi númera:
son ventitre!

– Avete udito, signori: – ventitre, – riprende Terribilis. – E non cercate di confondere le acque con confessioni artefatte.

Ma dalla classe si leva un sol grido: – Ventiquattro, ventiquattro!

Tocca a Terribilis, ora, conoscere i tormenti del dubbio. Egli rimpicciolisce vieppiú. È già piú bassetto della professoressa di matematica, ma non si ferma lí: ecco che la sua fronte è all'altezza del piano della cattedra; per tenere d'occhio le masse studentesche, egli è costretto a salire sulla sedia, a saltellare sulla punta dei piedi.

Si commuove a quella vista lo studente Alberti, che ha un cuor d'oro e tutti dicono che prenderà il premio di bontà della notte di Natale.

– Professore, – egli esordisce, – la testimonianza della statua di Pompeo può essere agevolmente controllata. Basta fare una gita scolastica nell'antica Roma, assistere all'uccisione di Cesare e contare noi stessi le ferite con i nostri occhi personali.

Terribilis si aggrappa a quest'ancora di salvezza. Detto fatto si prendono i contatti con l'agenzia Crono-Tours, la classe s'imbarca sulla macchina del tempo, il pilota punta i suoi strumenti sulle Idi di Marzo dell'anno 44 avanti Cristo... Bastano pochi minuti per atraversare i secoli, che fanno molto meno attrito dell'aria e dell'acqua... Studenti e professore si trovano in mezzo alla folla che assiste all'arrivo dei senatori in Senato.

– È già passato Giulio Cesare? – domanda Terribilis a un tizio che si chiama Caio. Quello non capisce e si rivolge a un suo amico: – *Ma che vonno 'sti burini?*

Und während Caesar
vor ihn hin stürzt, oh weih,
zählt er die Löcher:
Es sind zwanzig und drei.

«Habt ihr gehört, meine Herren: zwanzig und drei», wiederholt Terribilis. «Versucht nicht, die Tatsachen mit falschen Aussagen durcheinander zu bringen.»

Aber aus der Klasse ertönt ein einziger Schrei: «Vierundzwanzig, vierundzwanzig!»

Jetzt ist es Terribilis, der die Qualen des Zweifels erfährt. Er wird nochmals ein Stückchen kleiner. Er ist schon kleiner als die Mathematiklehrerin, aber dabei bleibt es nicht: Schon ist seine Stirn in Höhe der Pult-Oberkante. Um die Schüler im Auge zu behalten, bleibt ihm nichts anderes übrig als auf einen Stuhl zu steigen und auf den Zehenspitzen zu tänzeln.

Dieser Anblick erregt Mitleid beim Schüler Alberti, der ein goldenes Herz hat, und von dem alle sagen, dass er den Weihnachtsgutherzigkeitspreis erhalten wird.

«Herr Professor», beginnt er, – der Beweis der Statue des Pompeius kann leicht nachgeprüft werden. Wir brauchen nur einen Schulausflug in das alte Rom zu machen, der Ermordung Caesars beizuwohnen und selbst die Wunden mit unseren eigenen Augen zu zählen.

Terribilis klammert sich an diesen Rettungsanker. Gesagt, getan, setzt man sich mit der Agentur Crono-Tours in Verbindung, die Klasse geht an Bord der Zeitmaschine, der Pilot stellt seine Instrumente auf die Iden des März im Jahre 44 vor Christus... Wenige Minuten genügen zur Durchquerung der Jahrhunderte, in denen viel weniger Reibung zwischen Luft und Wasser herrscht... Schüler und Lehrer befinden sich inmitten der Menge, die dem Einzug der Senatoren in den Senat beiwohnt.

«Ist Julius Caesar schon vorbeigekommen?» fragt Terribilis jemanden, der Gaius heißt. Der versteht nicht und fragt seinen Freund: «Was wollen denn diese Proleten?»

Terribilis si ricorda in tempo che nell'antica Roma tutti parlano latino e ripete la domanda in detta lingua. Ma gli antichi romani non capiscono una sillaba e ridacchiano: – *Ma sse pò sape' da ddo ssò piovuti 'sti barbari? An vedi che robba, li pozzino acciaccalli... Vengheno a Roma e nun se sforzeno d'imparasse quarche parola in romanesco.*

È inutile, il latino della scuola, per parlare, in latino, non serve piú del milanese o del caracalpacco. Gli studenti sghignazzano. Non tutti, però. Zurlini è preoccupatissimo. Per salvare Zurletti egli ha detto una bugia. Ma ora si scoprirà che le pugnalate sono effettivamente ventitre; lui ci farà la figura del peracottaro e del sabotatore. Si beccherà come minimo quindici anni e tre mesi di sospensione. Che fare? Ecco lí Terribilis che si è preparato un foglietto con su disegnate ventiquattro palline e tiene pronta la matita: ad ogni pugnalata annullerà una pallina ... Mambretti, il solito burlone, sta gonfiando ventiquattro palloncini: ne farà scoppiare uno ad ogni pugnalata e registrerà i bòtti col magnetofono...
I secchioni si sono portati dietro il minicalcolatore giapponese a transistor... Braguglia impugna la cinepresa per filmare l'esperimento con pellicola pancromatica, doppio filtro e teleobiettivo.

«Mannaggia», pensa concisamente Zurlini.

In quel momento piove sulla scena una carovana di turisti americani, che fanno un gran rumore masticando *chewing-gum*. Fanno un baccano tale da coprire gli squilli di tromba dei fedeli di Vitorchiano, che annunciano l'arrivo di Cesare.

Piomba sul posto anche una troupe della televisione italiana, che deve filmare un documentario per la reclame dei coltelli da cucina. Il regista si mette a dare ordini: – Voi altri, congiurati, un po' piú a sinistra!

Un interprete traduce gli ordini in antico romanes-

Terribilis erinnert sich rechtzeitig, dass im alten Rom alle lateinisch sprechen und wiederholt seine Frage in jener Sprache. Aber die alten Römer verstehen kein Wort und feixen: «Ich möcht gern mal wissen, wo sie diese Barbaren losgelassen haben. Schau dir das an, solche Schwachköpfe ... Kommen nach Rom und sind zu faul, ein paar Worte Römisch zu lernen.»

Es hat keinen Zweck, mit dem Schullatein Latein zu reden, es bringt nicht mehr als Mailändisch oder Kauderwelsch. Die Schüler grinsen. Aber nicht alle. Zurlini ist aufs höchste beunruhigt. Um Zurletti zu retten, hat er gelogen. Aber jetzt wird herauskommen, dass es tatsächlich nur dreiundzwanzig Dolchstöße waren. Er wird als Nichtsnutz und Saboteur dastehen. Dafür wird er mindestens fünfzehn Jahre und drei Monate vom Unterricht suspendiert. Was tun? Da ist Terribilis, der ein Blatt mit dreiundzwanzig kleinen Kreisen vorbereitet hat und den Bleistift bereit hält: Bei jedem Dolchstoß wird ein Kreis ausgestrichen... Mambretti, Witzbold wie immer, ist dabei, vierundzwanzig Luftballons aufzublasen: bei jedem Dolchstoß wird er einen platzen lassen und die Knaller mit dem Tonbandgerät aufnehmen... Die Streber haben einen japanischen Transistorminirechner mitgebracht... Braguglia hält die Filmkamera bereit, um das Experiment mit einem panchromatischen Film mit Doppelfilter und Teleobjektiv zu filmen.

«Verdammter Mist», denkt Zurlini kurz.

In diesem Augenblick schneit eine Karawane amerikanischer Touristen in die Szene und macht kaugummikauend großen Lärm. Sie machen ein solches Geschrei, dass sie die Fanfarenstöße der Gefolgsleute von Vitorchiano, die die Ankunft Caesars ankündigen, übertönen.

Auch ein Team vom italienischen Fernsehen, das für die Werbung von Küchenmessern einen Dokumentarfilm drehen soll, fällt ein. Der Regisseur gibt seine Anweisungen: «Ihr anderen Verschwörer ein bisschen mehr nach links!»

Ein Dolmetscher übersetzt die Anweisungen in altes Rö-

co. Molti senatori si spingono per farsi riprendere, cominciano a fare «ciao ciao» con la manina. Giulio Cesare è scocciatissimo, ma non può farci niente; ormai non comanda piú lui. Il regista gli fa mettere un po' di cipria sulla pelata, altrimenti luccica. Poi le cose precipitano. I congiurati tirano fuori i pugnali e menano colpi da orbi. Ma il regista non è contento: – Alt! Alt! Vi ammucchiate troppo, non si vede piú spicciare il sangue. Daccapo!

– Che fregatura, – borbotta Mambretti. – Ho sprecato tredici palloncini per niente.

– *Ciak*, – dice una voce: – Morte di Giulio Cesare, seconda!

– Azione, – ordina il regista.

I congiurati ricominciano a menare, ma tutto va a monte perché un turista americano ha sputato in terra la sua gomma: Bruto ci scivola sopra e va a cascare tra i piedi di una signora di Filadelfia che si spaventa e perde la borsetta. Tutto da rifare.

«Mannaggia e rimannaggia», pensa febbrilmente Zurlini.

Ad un tratto la sua tortura ha fine. La classe al completo si ritrova nella macchina del tempo, in viaggio per il Secolo Ventesimo...

– Tradimento! – grida il professor Terribilis.

– Professore, – spiega il pilota, – il contratto era per un'ora, e un'ora è passata. Non è colpa della mia ditta se non avete visto tutto quello che volevate: chiedete i danni alla Tv.

– Sabotaggio! – gridano le masse studentesche. Ormai se lo possono permettere, visto come si sono messe le cose.

– In ogni caso, – continua il pilota, – ho una buona notizia per voi: la ditta Crono-Tours vi offre in omaggio una sosta di cinque minuti nel Medioevo per assistere all'invenzione dei bottoni!

– Bottoni? – ripete Terribilis. – Ci offrite bottoni

misch. Viele Senatoren drängeln, um ins Bild zu kommen und machen «ciao ciao» mit den Händen. Julius Caesar ist völlig genervt, kann aber nichts machen; inzwischen befiehlt nicht mehr er. Der Regisseur lässt seinen Glatzkopf, damit er nicht so glänzt, etwas pudern. Dann überstürzen sich die Ereignisse. Die Verschwörer ziehen die Dolche hervor und stoßen zu wie die Wilden. Aber der Regisseur ist nicht zufrieden: «Halt! Halt! Ihr seid zu dicht auf einem Haufen, man sieht das Blut nicht mehr spritzen. Noch einmal!»

«So eine Scheiße», murmelt Mambretti. «Jetzt habe ich dreizehn Luftballons umsonst vergeudet.»

«Klappe», sagt eine Stimme: «Der Tod Julius Caesar, die zweite!»

«Action», befiehlt der Regisseur.

Die Verschwörer stoßen erneut zu, aber das Ganze geht daneben, weil ein amerikanischer Tourist seinen Kaugummi auf den Boden gespuckt hat: Brutus rutscht darauf aus und landet zwischen den Beinen einer Dame aus Philadelphia, die erschrickt und ihre Handtasche verliert. Alles von vorn.

«Verdammt und nochmal verdammt», denkt Zurlini fieberhaft.

Seine Qualen haben ganz plötzlich ein Ende. Die gesamte Klasse befindet sich wieder in der Zeitmaschine auf der Reise ins zwanzigste Jahrhundert...

«Verrat!» brüllt Professor Terribilis.

«Herr Professor», erklärt der Pilot, «der Vertrag lautete auf eine Stunde, und eine Stunde ist um. Es ist nicht die Schuld meiner Firma, wenn Sie nicht alles gesehen haben, was Sie sehen wollten: Verlangen Sie Schadenersatz vom Fernsehen.

«Sabotage!» schreien die Schüler. Jetzt können sie es sich erlauben, so wie die Dinge gelaufen sind.

«Immerhin», fährt der Pilot fort, «habe ich eine gute Nachricht für Sie: Crono-Tours schenkt Ihnen einen fünfminütigen Aufenthalt im Mittelalter, wo Sie der Erfindung der Knöpfe beiwohnen können.»

«Knöpfe?» wiederholt Terribilis. «Sie bieten uns Knöpfe

in cambio di pugnali? Ma che cosa volete che c'importi dei bottoni!

– Eppure sono importanti, – spiega debolmente il pilota. – Se non aveste i bottoni, vi cadrebbero i calzoni.

– Basta cosí, – ordina Terribilis. – Riportaci immediatamente ai giorni nostri.

– Per me, d'accordissimo, – fa il pilota. – Smonto prima e sono in tempo a farmi la barba per andare al cinema.

– Cosa va a vedere? – gli domandano le masse studentesche.

– *Dracula contro Topolino!*

– Formidabile! Professore, ci andiamo anche noi?

Il professor Terribilis riflette a vista d'occhio. C'è stato qualcosa di sbagliato in questa mattinata perversa. Ma che cosa? Forse nella penombra mistica di un cinematografo egli potrà meditare su questa domanda e trovare la risposta giusta...

– Vada per Dracula, – egli sospira.

Zurletti e Zurlini si abbracciano. Altri intonano canti di giubilo.

Ma Alberti, il cuor d'oro, lascia cadere fuori della macchina del tempo, mentre stanno sorvolando il secolo scorso, il suo coltello da caccia, con il quale era pronto a vibrare di nascosto la ventiquattresima pugnalata a Cesare, per impedire che la bugia di Zurlini venisse scoperta. È proprio un bravo ragazzo, Alberti: e se la notte di Natale gli daranno il premio della bontà, faranno molto, ma molto bene.

an Stelle von Dolchen? Meinen Sie vielleicht, wir interessieren uns für Knöpfe!»

«Aber sie sind doch wichtig,» erklärt der Pilot schwach. «Wenn Sie keine Knöpfe hätten, würden Sie Ihre Hosen verlieren.»

«Jetzt reichts», herrscht ihn Terribilis an. «Bringen Sie uns sofort in unsere Zeit zurück.»

«Mir solls recht sein», meint der Pilot. «Dann bin ich eher fertig und rechtzeitig da, um mich noch zu rasieren und ins Kino zu gehen.»

«Welchen Film wollen Sie sich anschauen?» fragt ihn die Schülerschar.

«*Dracula gegen Mickymaus.*»

«Super! Herr Professor, gehen wir auch hin?»

Professor Terribilis denkt offensichtlich nach. Irgend etwas ist falsch gelaufen an diesem abartigen Morgen. Aber was? Vielleicht kann er im mystischen Halbdunkel eines Kinos über diese Frage nachdenken und die richtige Antwort finden...

«Dann gehen wir eben zu Dracula», seufzt er.

Zurletti und Zurlini umarmen sich. Andere beginnen ein Jubelgeschrei.

Doch der herzensgute Alberti lässt, während sie das vergangene Jahrhundert überfliegen, sein Jagdmesser aus der Zeitmaschine fallen, mit dem er Caesar heimlich den vierundzwanzigsten Dolchstoß versetzen wollte, damit Zurlinis Lüge nicht aufkam. Er ist wirklich ein guter Junge, der Alberti: Und wenn sie ihm in der Weihnachtsnacht den Gutherzigkeitspreis verleihen, dann tun sie damit ein sehr, sehr gutes Werk.

Vado via con i gatti

Il signor Antonio, capostazione in pensione, ha un figlio, una nuora, un nipote di nome Antonio, detto Nino, una nipotina di nome Daniela, ma nessuno che gli dia retta.

– Mi ricordo, – comincia a raccontare, – quando ero vicecapostazione a Poggibonsi…

– Papà, – lo interrompe il figlio, – mi lasciate leggere il giornale in pace? Sono vivamente interessato alla crisi di governo nel Venezuela.

Il signor Antonio si rivolge alla nuora e ricomincia da capo: – Mi ricordo quando ero capostazione aggiunto a Gallarate…

– Papà, – lo interrompe la signora nuora, – perché non andate a fare quattro passi? Vedete bene che sto lucidando il pavimento con la cera Blú, che brilla di piú.

Il signor Antonio non ha maggiore fortuna col nipote Nino, il quale deve leggere l'appassionante fumetto *Satana contro Diabolus*, vietato ai minori di diciotto anni (lui ne ha sedici). Egli spera molto nella nipotina, alla quale permette ogni tanto d'indossare il suo berretto di capostazione per giocare allo scontro ferroviario con quarantasette morti e centoventi feriti; ma Daniela è molto occupata e infatti dice: – Nonno, mi fai perdere la Tv dei bambini, che è tanto istruttiva.

Daniela ha sette anni, ma ama moltissimo l'istruzione. Il signor Antonio sospira: – In questa casa non c'è posto per i pensionati delle Ferrovie dello Stato con quarant'anni di servizio. Una volta o l'altra pilio su e me ne vado. Parola. Vado via con i gatti.

Difatti una mattina esce di casa, dicendo che va a giocare al lotto; invece va a piazza Argentina, dove tra le rovine dell'antica Roma sono accampati i gatti. Scende gli scalini, scavalca la sbarra di ferro che

Ich geh weg zu den Katzen

Signor Antonio, pensionierter Bahnhofsvorsteher, hat einen Sohn, eine Schwiegertochter, einen Enkel namens Antonio, genannt Nino, eine Enkelin namens Daniela, aber niemanden, der ihm zuhört.

«Ich erinnere mich», beginnt er zu erzählen, «als ich Vizebahnhofsvorsteher in Poggibonsi war...»

«Papa» unterbricht ihn der Sohn, «lässt du mich bitte in Ruhe Zeitung lesen? Die Regierungskrise in Venezuela interessiert mich.»

Signor Antonio wendet sich der Schwiegertochter zu und setzt von neuem an: «Ich erinnere mich, als ich zweiter Bahnhofsvorsteher in Gallarate war...»

«Papa», unterbricht ihn die Frau Schwiegertochter, «warum gehst du nicht ein paar Schritte spazieren? Du siehst doch, dass ich gerade dabei bin, den Boden zu bohnern mit dem Wachs Blú, denn das glänzt noch dazú.

Beim Enkel Nino hat Signor Antonio auch nicht mehr Glück, denn der muss das spannende Comic *Satanas gegen Diabolos* lesen, das für Jugendliche unter achtzehn Jahren (er ist sechzehn) verboten ist. Nun hofft er sehr auf seine Enkelin, der er ab und zu erlaubt, seine Bahnhofsvorstehermütze aufzusetzen, um Eisenbahnunglück mit siebenundvierzig Toten und hundertzwanzig Verletzten zu spielen – aber Daniela ist sehr beschäftigt und sagt doch tatsächlich: «Opa, ich versäume sonst die TV-Kindersendung, bei der man so viel lernen kann.»

Daniela ist erst sieben Jahre alt, aber sehr wissensdurstig. Signor Antonio seufzt: «In diesem Hause ist kein Platz für pensionierte Angestellte der Staatlichen Eisenbahnen mit vierzig Dienstjahren. Irgendwann mal raffe ich mich auf und gehe. Ehrenwort. Ich geh weg zu den Katzen.

Und tatsächlich, eines Morgens verlässt er das Haus und sagt, er gehe Lottospielen; statt dessen geht er zur Piazza Argentina, wo zwischen den Ruinen des alten Rom die Katzen hausen. Er geht die Treppen hinunter, steigt über

divide il regno dei gatti da quello delle automobili
e diventa un gatto. Subito comincia a leccarsi le
zampe, per essere ben sicuro di non portarsi dietro,
in quella nuova vita, la polvere delle scarpe umane,
e intanto gli si avvicina una gatta un po' spelacchiata
che lo guarda. E lo guarda. E lo guarda fisso. Finalmente gli dice: – Scusa, ma tu non eri il signor
Antonio?

– Non voglio piú neanche ricordarmelo. Ho dato
le dimissioni.

– Ah, mi pareva. Sai, io ero quella maestra in
pensione che abitava in faccia a casa tua. Mi avrai
vista. O forse avrai visto mia sorella.

– Vi ho viste, sí: litigavate sempre a causa dei canarini.

– Proprio. Ero tanto stufa di litigare che ho deciso
di venire a vivere con i gatti.

Il signor Antonio è sorpreso. Credeva di essere il
solo ad aver avuto quella bella pensata. Invece im-
para che tra quei gatti lí dell'Argentina, appena una
metà sono gatti-gatti, figli di madre gatta e di padre
gatto: gli altri sono tutte persone che hanno dato le
dimissioni e sono diventate gatti. C'è un netturbino fuggito dal ricovero dei vecchi. Ci sono delle
signore sole che non andavano d'accordo con la domestica. C'è un giudice del tribunale: era ancora un
uomo giovane, con moglie e figli, la macchina, l'ap-
partamento quadricamere doppi servizi, non si sa
perché sia venuto a stare con i gatti; però arie non
se ne dà, e quando le «mamme dei gatti» arrivano
con i cartocci pieni di teste di pesce, bucce di salame,
avanzi di spaghetti, croste di formaggio, ossetti e
frattaglie, prende la sua parte e si ritira a mangiarla
sul gradino piú alto di un tempio.

I gatti-gatti non sono gelosi dei gatti-persone:
li trattano assolutamente alla pari, senza superbia:
Tra di loro, ogni tanto, mormorano: – A noi però

die eiserne Schranke, die das Katzenreich von dem der Autos trennt und wird zur Katze. Während er sofort anfängt, sich die Pfoten zu lecken, um sicher zu gehen, dass er in seinem neuen Leben nicht den Staub der Menschenschuhe mit sich herumträgt, nähert sich ihm eine struppig aussehende Katze und schaut ihn an. Und schaut und schaut ihn fest an. Schließlich sagt sie zu ihm: «Verzeihung, aber warst du nicht Signor Antonio?»

«Daran will ich nicht mehr denken. Ich habe gekündigt.»

«Aha, dacht' ichs mir doch! Weißt du, ich bin nämlich die pensionierte Lehrerin, die gegenüber von deinem Haus wohnte. Du müsstest mich gesehen haben. Oder vielleicht hast du meine Schwester gesehen.»

«Ja, ich habe euch gesehen, ihr habt ständig wegen der Kanarienvögel gestritten.»

«Genau! Ich hatte es so satt, zu streiten, dass ich beschlossen habe, hierher zu kommen und mit den Katzen zu leben.»

Signor Antonio ist überrascht. Er dachte, er sei der einzige, der diesen guten Einfall hatte. Stattdessen erfährt er, dass unter diesen Katzen da auf der Piazza Argentina kaum die Hälfte Katzen-Katzen sind, Kinder von einer Katzenmutter und einem Katzenvater. Die anderen sind lauter Leute, die ihren Rücktritt erklärt haben und Katzen geworden sind. Da gibt es einen Straßenkehrer, der aus dem Altersheim geflohen ist. Da gibt es einsame Damen, die mit ihren Hausmädchen nicht klargekommen sind. Da gibt es einen Richter vom Gericht: Er war noch ein junger Mann, mit Frau und Kindern, Auto, Vierzimmerwohnung mit zwei Bädern; keiner weiß, warum er sich zu den Katzen begeben hat. Er ist aber nicht eingebildet, und wenn die Katzenmammis mit Tüten voll Fischköpfen, Salami-Haut, Spaghetti-Resten, Käse-Rinden, Knöchelchen und Innereien kommen, nimmt er sich seinen Teil und verzieht sich, um ihn auf der obersten Stufe eines Tempels zu verzehren.

Die Katzen-Katzen sind auf die Menschen-Katzen nicht eifersüchtig. Sie behandeln sie als durchaus gleichwertig, sind nicht überheblich. Untereinander flüstern sie ab und

non verrebbe neanche in mente di diventare uomini, con quel che costa il prosciutto.

– Siamo proprio una bella compagnia, – dice la gattamaestra. – E questa sera c'è la conferenza di astronomia. Ci vieni?

– Naturale, l'astronomia è la mia passione. Mi ricordo che quando ero capostazione a Castiglion del Lago avevo piazzato un telescopio a duecento ingrandimenti sul terrazzino e di notte osservavo l'anello di Saturno, i satelliti di Giove tutti in fila come palline sul pallottoliere, la nebulosa di Andromeda, che assomiglia a una virgola.

Molti gatti si avvicinano per ascoltare. Non hanno mai avuto tra loro un ex capostazione; vogliono sapere tante cose sui treni, domandano come mai nei gabinetti delle carrozze di seconda manca sempre il sapone, eccetera.

Quand'è l'ora giusta e in cielo si vedono bene le stelle, la gatta-maestra tiene la sua conferenza.

– Ecco, – dice, – guardate là: quella costellazione si chiama l'Orsa Maggiore. Quell'altra è l'Orsa Minore. Giratevi come mi giro io, mirate dritto a destra della torre Argentina: quello è il Serpente.

– Mi pare uno zoo, – dice il gatto netturbino.

– Poi c'è la Capretta, l'Ariete, lo Scorpione.

– Pure! – si stupisce qualcuno.

– Lí, quella costellazione lí, è il Cane.

– Mannaggia – borbottano i gatti-gatti. Quello che borbotta piú di tutti è il Corsaro Rosso, cosí

zu: «Uns würde es ja nicht im Traum einfallen, Menschen zu werden, bei den Schinken-Preisen!»

«Wir sind wirklich eine schöne Gesellschaft», sagt die Lehrerin-Katze. «Heute abend gibt es einen Vortrag über Astronomie. Kommst du?»

«Natürlich, Astronomie ist meine Leidenschaft. Ich erinnere mich: Als ich Bahnhofsvorsteher in Castiglion del Lago war, hatte ich ein Teleskop mit zweihundertfacher Vergrößerung auf einem kleinen Balkon und habe nachts den Saturn-Ring beobachtet sowie die Monde des Jupiter, alle aufgereiht wie kleine Kugeln auf dem Rechenbrett, und den Andromeda-Nebel, der aussieht wie ein Komma.»

Viele Katzen kommen näher und hören zu. Sie haben noch nie einen Bahnhofsvorsteher bei sich gehabt und wollen deshalb alles Mögliche über Züge wissen und fragen, warum in den Toiletten zweiter Klasse immer Seife fehlt und so weiter.

Zur richtigen Stunde – am Himmel sind die Sterne gut zu sehen – hält die Lehrerin-Katze ihren Vortrag.

«Da», sagt sie, «seht dort: Diese Konstellation heißt Großer Bär. Die andere dort ist der Kleine Bär. Dreht euch um, so wie ich, blickt geradeaus rechts vom Turm der Piazza Argentina: das ist die Schlange.»

«Das ist ja wie ein Zoo», sagt der Straßenkehrer-Kater.

«Und da sind die Kleine Ziege, der Widder, der Skorpion.»

«Der auch noch!» wundert sich einer.

«Und dort, das Sternbild dort, ist der Hund.»

«Wahnsinn», murren die Katzen-Katzen. Am lautesten von allen murrt der Rote Pirat, so genannt, weil er völlig

chiamato perché è tutto bianco, ma ha un carattere avventuroso. È lui che domanda a un certo punto:
– E la costellazione del Gatto, c'è?

– Non c'è, – risponde la maestra.

– Non c'è nemmeno una stella, magari piccola piccola, che si chiami Gatto?

– Non c'è.

– Insomma, – sbotta il Corsaro Rosso, – hanno dato le stelle a cani e porci e a noi niente. Bella roba.

Si sentono miagolii di protesta. La gatta-maestra alza la voce per difendere gli astronomi: loro sanno quello che fanno, a ciascheduno il suo mestiere; e se hanno creduto bene di non chiamare Gatto neanche un asteroide, avranno avuto le loro buone ragioni.

– Ragioni che non valgono la coda di un topo, – ribatte il Corsaro Rosso. – Sentiamo cosa ne dice il giudice.

Il gatto-giudice precisa che lui ha dato le dimissioni proprio per non dover piú giudicare niente e nessuno. Ma in questo caso farà un'eccezione: – La mia sentenza è: agli astronomi, peste e corna!

Applausi scroscianti. La gatta-maestra si pente della sua ammirazione per i fatti compiuti e promette di cambiare vita. L'assemblea decide di organizzare una manifestazione di protesta. Messaggi speciali vengono mandati per corriere a mano a tutti i gatti di Roma: a quelli dei Fori, a quelli dei macelli, a quelli del San Camillo, schierati sotto le finestre dei reparti in attesa che i malati buttino loro il rancio, se capita che sia una schifezza. Ai gatti di Trastevere, ai randagi di borgata, ai bastardi di borghetto abusivo. Ai gatti del ceto medio, se vogliono associarsi, dimenticando per una volta i vantaggi del polmone tritato, del cuscino di piuma, del nastrino al collo. L'appuntamento è per mezzanotte al Colosseo.

weiß ist, aber einen Abenteuer-Charakter hat. Er ist es, der schließlich fragt: «Und das Sternbild Katze gibt es auch?»

«Das gibt es nicht», antwortet die Lehrerin.

«Gibt es keinen einzigen Stern, vielleicht einen ganz ganz kleinen, der Katze heißt?»

«Es gibt keinen.»

«Also», platzt der Rote Pirat heraus, «dann haben sie die Sterne an Hunde und Schweine vergeben, und uns keine. Schöne Schweinerei.»

Man hört ein ziemliches Protest-Miauen. Die Lehrerin-Katze erhebt ihre Stimme, um die Astronomen zu verteidigen: Die wissen schon was sie tun, jeder hat sein Fachgebiet; und wenn sie es für richtig gehalten haben, nicht einmal einen Asteroiden Katze zu nennen, dann werden sie ihre guten Gründe gehabt haben.

«Gründe, die nicht den Schwanz einer Maus wert sind», entgegnet der Rote Pirat. «Hören wir, was der Richter dazu sagt.»

Der Richter-Kater erklärt, dass er gerade deswegen zurückgetreten ist, um über nichts und niemanden mehr urteilen zu müssen. In diesem Fall wird er aber eine Ausnahme machen: «Mein Urteil lautet: Pest und Tod den Astronomen!»

Tosender Beifall. Die Lehrerin-Katze bereut ihre Bewunderung für vollendete Tatsachen und verspricht, ihr Leben zu ändern. Die Versammlung beschließt, eine Protest-Veranstaltung zu organisieren. Sonderbotschaften werden per Handkurier an alle Katzen Roms geschickt: an die auf dem Forum, an die in den Schlachthöfen, an die von San Camillo, die aufgereiht unter den Fenstern der Abteilungen darauf warten, dass die Kranken ihre Krankenhauskost hinauswerfen, falls mal etwas scheußlich schmecken sollte; an die Katzen von Trastevere, an die streunenden Katzen in den Vororten, an die Bastarde aus den Schwarzbau-Vororten; an die Katzen aus dem Mittelstand, falls sie sich anschließen wollen und nur für dieses eine Mal die Vorteile einer haschierten Lunge, eines Federkissens und eines Halsbändchens vergessen. Treffpunkt ist um Mitternacht am Kolosseum.

– Magnifico, – dice il gatto – signor Antonio. – Sono stato al Colosseo da turista, da pellegrino e da pensionato, ma da gatto ancora mai. Sarà un'esperienza eccitante.

La mattina dopo si presentano per visitare il Colosseo americani a piedi e in automobile, tedeschi in pullman e in carrozzella, svizzeri col sacco a pelo, abruzzesi con la suocera, milanesi con la cinepresa giapponese; ma non possono visitare un bel niente, perché il Colosseo è occupato dai gatti. Occupate le entrate, le uscite, l'arena, le gradinate, le colonne e gli archi. Non si vedono quasi piú le vecchie pietre, ma solo gatti, centinaia di gatti, migliaia di gatti. A un segnale del Corsaro Rosso compare uno striscione (opera della maestra e del signor Antonio), che dice: «Colosseo occupato. Vogliamo la stella Gatto!»

Turisti, pellegrini e passanti – che per stare a vedere si sono dimenticati di passare – applaudono con entusiasmo. Il poeta Alfonso Gatto pronuncia un discorso. Non tutti capiscono quello che dice, ma solo a guardarlo è evidente che se si può chiamare Gatto un poeta, si può chiamare cosí anche una stella. Una gran bella festa. Dal Colosseo partono gatti viaggiatori per Parigi, Mosca, Londra, Nuova York, Pechino, Monteporzio Catone. L'agitazione si svilupperà sul piano internazionale. È prevista l'occupazione della torre Eiffel, del Big Ben, delle torri del Cremlino, dell'Empire State Building, del Tempio della Pace Celeste, della tabaccheria Latini; insomma di tutti i luoghi illustri. I gatti dell'intero pianeta avanzeranno la loro richiesta agli astronomi in tutte le lingue. Un giorno, anzi, una notte, la stella Gatto brillerà di luce propria.

In attesa di notizie i gatti romani tornano alle loro sedi. Anche il signor Antonio, con la gatta-maestra, si avvia di buon passo verso piazza Argentina, facendo progetti per altre occupazioni.

«Herrlich», sagt der Signor Antonio-Kater. «Ich war beim Kolosseum als Tourist, als Wanderer und als Rentner, aber als Katze noch nie. Das wird ein aufregendes Erlebnis werden.»

Am nächsten Morgen kommen zur Besichtigung des Kolosseums Amerikaner zu Fuß und mit dem Auto, Deutsche in Autobussen und Droschken, Schweizer mit Schlafsäcken, Abbruzzesen mit der Schwiegermutter, Mailänder mit der japanischen Filmkamera – aber sie können rein gar nichts besichtigen, weil das Kolosseum von den Katzen besetzt ist: Eingänge, Ausgänge, Arena, Stufen, Säulen und Bögen – alles besetzt. Man sah die alten Steine so gut wie nicht mehr, sondern nur Katzen, Hunderte von Katzen, Tausende von Katzen. Auf ein Zeichen des Roten Piraten erscheint ein Spruchband (ein Werk der Lehrerin und Signor Antonios), auf dem steht: «Das Kolosseum ist besetzt. Wir wollen den Katzen-Stern.»

Touristen, Wanderer und Passanten, die vor lauter Schauen das Weitergehen vergessen haben, klatschen begeistert Beifall. Der Dichter Alfons Katz hält eine Rede. Nicht alle verstehen, was er sagt, aber allein ihn zu sehen, bedeutet: wenn ein Dichter Katz heißen kann, kann man auch einen Stern so nennen. Ein wunderschönes Fest. Vom Kolosseum aus reisen Katzen nach Paris, Moskau, London, New York, Peking, Monteporzio Catone. Die Unruhen werden auf internationaler Ebene weiter gehen. Die Besetzung des Eiffelturms ist vorgesehen, des Big Ben, der Türme des Kreml, des Empire State Building, des Tempels des Himmlischen Friedens, des Tabakwaren-Geschäfts Latini – kurz aller ruhmreichen Orte. Die Katzen des gesamten Planeten werden ihre Forderung bei den Astronomen in allen Sprachen vorbringen. Und eines Tages, nein, eines Nachts wird der Katzen-Stern mit eigenem Licht strahlen.

In Erwartung von Nachrichten kehren die römischen Katzen an ihre Sitze zurück. Auch Signor Antonio wendet sich mit der Lehrerin-Katze eiligen Schrittes in Richtung Piazza Argentina, um Pläne für weitere Besetzungen zu machen.

– Come starebbe bene, – egli pensa e dice, – la Cupola di San Pietro tutta ornata di gatti con la coda ritta.

– E che cosa ne diresti, – domanda la gatta-maestra, – di occupare lo stadio Olimpico il giorno del derby Roma-Lazio?

Il signor Antonio parte per dire «formidabile!» col punto esclamativo, ma non arriva neanche a metà della parola perché improvvisamente si sente chiamare: – Nonno! Nonno!

Chi è? Chi non è? È Daniela che sta uscendo dal portone della scuola e lo ha riconosciuto. Il signor Antonio, avendo già preso una certa pratica come gatto, fa finta di niente. Ma Daniela insiste: – Nonno, cattivo, perché sei andato via con i gatti? Sono giorni che ti cerco per mare e per terra. Torna subito a casa.

– Che bella bambina, – dice la gatta-maestra. – Che classe fa? Ha una bella scrittura? Si pulisce bene le unghie? Non sarà mica di quelle che scrivono «abbasso il bidello» sulla porta del gabinetto?

– È tanto brava, – spiega il signor Antonio, un po' commosso. – Quasi quasi l'accompagno un pezzetto, cosí sto attento che non attraversi la strada col rosso.

– Ho bell'e capito, – dice la gatta-maestra. – Beh, vuol dire che io andrò a vedere come sta mia sorella. Magari le è venuta l'artrite deformante e non riesce piú ad allacciarsi le scarpe da sola.

– Su, nonno, vieni, – ordina Daniela. La gente che la sente non si meraviglia, perché crede che quel gatto si chiami Nonno. Niente di straordinario: ci sono anche dei gatti che si chiamano Bartolomeo e Gerundio.

Appena in casa il gatto – signor Antonio salta sulla sua poltrona preferita e agita dignitosamente un orecchio in segno di saluto.

«Wie schön», denkt und sagt er, «wäre die Kuppel des Petersdoms, geschmückt mit lauter Katzen mit erhobenen Schwänzen.»

«Und was würdest du dazu sagen», fragt die Lehrerin-Katze, «wenn wir am Tage des Spiels Roma-Lazio das Olympia-Stadion besetzen würden?»

Signor Antonio will gerade anfangen, «hervorragend» mit Ausrufezeichen zu sagen, kommt aber nicht einmal bis zur Hälfte des Wortes, weil er plötzlich rufen hört: «Opa! Opa!»

Wer ist das? Wer kann das sein? Es ist Daniela, die gerade aus dem Schultor kommt und ihn erkannt hat. Signor Antonio, der schon eine gewisse Übung als Katze hat, tut als ob nichts wäre. Aber Daniela ist beharrlich: «Opa, du Böser, warum bist du weggegangen zu den Katzen? Seit Tagen suche ich dich schon in aller Welt. Komm sofort zurück nach Hause.»

«Was für ein hübsches kleines Mädchen», sagt die Lehrerin-Katze. «In welcher Klasse ist sie denn? Hat sie eine schöne Handschrift? Macht sie sich die Fingernägel gut sauber? Sie wird doch nicht eine von denen sein, die an die Toilettentür ‹nieder mit dem Pedell› schreiben?»

«Sie ist sehr gut», erklärt Signor Antonio ein wenig gerührt. «Ich begleite sie nur ein ganz kleines Stück und passe auf, dass sie nicht bei Rot über die Straße geht.»

«Ich verstehe sehr wohl», sagt die Lehrerin-Katze. «Na gut, das heißt, dass ich nach meiner Schwester sehen werde. Vielleicht hat sie inzwischen deformierende Arthritis und kann sich nicht mehr die Schuhe alleine zubinden.»

«Los Opa, komm schon», verlangt Daniela. Die Katzen-Leute, die sie hören, wundern sich nicht, weil sie denken, dass diese Katze Opa heißt. Das ist nichts Außergewöhnliches. Es gibt auch Katzen, die Bartolomäus und Gerundium heißen.

Kaum zu Hause springt der Signor-Antonio-Kater auf seinen Lieblingssessel und zuckt würdevoll mit einem Ohr als Zeichen des Grußes.

– Hai visto? – dice Daniela tutta contenta. – È proprio il nonno.

– È vero, – conferma Nino. – Anche il nonno era capace di muovere le orecchie.

– Va bene, va bene, – dicono i genitori un po' confusi. – E adesso, morale della favola: a tavola.

Ma i migliori bocconi sono per il gatto-nonno. Per lui ciccia, latte zuccherato, biscottini, carezze e baci. Vogliono sentire come fa le fusa. Si fanno dare la zampina. Gli grattano la testa. Gli mettono sotto un cuscino ricamato. Gli preparano il gabinetto con la segatura.

Dopo pranzo il nonno esce sul balcone. Dall'altra parte della strada, su un altro balcone, c'è la gatta-maestra che tiene d'occhio i canarini.

– Com'è andata? – le domanda.

– Rose e fiori, – risponde lei. – Mia sorella mi tratta meglio di una papessa.

– Ma ti sei fatta riconoscere?

«Hast du gesehen?» sagt Daniela ganz zufrieden. «Es ist wirklich der Opa.»

«Das stimmt», bestätigt Nino. «Auch Opa konnte mit den Ohren wackeln.»

«Schon gut, schon gut», sagen die Eltern ein wenig verwirrt. «Und jetzt die Moral von der Geschicht: zu Tisch!»

Aber die besten Happen sind für den Opa-Kater. Er bekommt Fleisch, gezuckerte Milch, Kekse, wird gestreichelt und geküsst. Sie wollen ihn schnurren hören, lassen sich Pfötchen geben, kraulen ihm den Kopf, legen ihn unter ein besticktes Kissen und richten ihm ein Katzenklo mit Sägemehl ein.

Nach dem Essen geht Opa auf den Balkon hinaus. Auf der anderen Straßenseite, auf einem anderen Balkon, ist die Lehrerin-Katze und hat die Kanarienvögel im Auge.

«Wie wars?» fragt er sie.

«Wie auf Rosen gebettet», antwortet sie. «Meine Schwester behandelt mich besser als eine Fürstin.»

«Ja hast du dich denn zu erkennen gegeben?»

– Non sono mica scema! Se sa che sonò io, è capace di farmi mettere al manicomio. Mi ha dato la coperta della nostra povera mamma, che prima non mi permetteva neanche di guardarla.

– Io non so, – dice il gatto signor Antonio, – Daniela vorrebbe che io ritornassi ad essere il nonno. Mi vogliono tutti un gran bene.

– Bravo merlo. Trovi l'America e la butti via. Vedrai se non ti penti.

– Non so, – ripete lui, – quasi quasi faccio testa o croce. Ho tanta voglia di fumare un mezzo toscano...

– Però, come fai a ricambiarti da gatto in nonno?
– È semplicissimo, – dice il signor Antonio.

Difatti va in piazza Argentina, scavalca quella sbarra di ferro in senso contrario alla prima volta e al posto del gatto ricompare un signore anziano che accende il sigaro. Torna a casa con un po' di batticuore. Daniela, come lo vede, salta di gioia. Sull'altro balcone la gatta-maestra apre un occhio in segno di augurio, ma tra sé borbotta: – Bravo merlo.

Su quel balcone c'è anche sua sorella, che guarda la gatta con occhi dolci e intanto pensa: «Non mi ci debbo affezionare troppo perché poi se muore ci soffro e mi vengono le palpitazioni».

È l'ora che i gatti dei Fori si svegliano ed escono a caccia di topi. I gatti dell'Argentina si radunano in attesa delle donnette che portano loro affettuosi cartoccetti. I gatti del San Camillo si dispongono nelle aiuole e nei vialetti, uno sotto ogni finestra, sperando che la cena sia cattiva e i malati gliela buttino giú di nascosto della suora. E i gatti randagi che prima erano persone, si ricordano di quando guidavano gli autotreni, facevano girare i torni, scrivevano a macchina, erano belli e avevano l'innamorata.

«Ich bin doch nicht blöd! Wenn sie weiß, dass ich es bin, bringt sie es fertig und steckt mich ins Irrenhaus. Sie hat mir die Decke unserer armen Mama gegeben, die ich früher nicht einmal anschauen durfte.»

«Ich weiß nicht», sagt der Signor-Antonio-Kater, «Daniela möchte am liebsten, dass ich wieder der Opa werde. Alle haben mich sehr gern.»

«Du bist ein schöner Einfaltspinsel! Hast Amerika entdeckt und wirfst es weg. Das bereust du bestimmt!»

«Ich weiß nicht», wiederholt er; «ich glaub, ich werf eine Münze. Ich hab so Lust, eine halbe Toscano zu rauchen...»

«Aber wie willst du es denn machen, dich von der Katze wieder in den Opa zu verwandeln?»

«Das ist ganz einfach», sagt Signor Antonio.

Und tatsächlich geht er auf die Piazza Argentina, steigt anders als beim ersten Mal, in entgegengesetzter Richtung, über die eiserne Schranke, und anstelle der Katze erscheint wieder ein älterer Herr, der sich eine Zigarre anzündet. Mit etwas Herzklopfen kehrt er heim. Daniela sieht ihn und hüpft vor Freude. Auf dem anderen Balkon macht die Lehrerin-Katze zum Zeichen des Glückwunsches ein Auge auf, murmelt aber vor sich hin: «Schöner Einfaltspinsel!»

Auch ihre Schwester ist auf diesem Balkon. Sie schaut die Katze liebevoll an und denkt: «Ich darf sie nicht allzu lieb gewinnen, denn wenn sie dann stirbt, leide ich zu sehr und bekomme Herzjagen.»

Es ist die Stunde, da die Katzen vom Forum aufwachen und auf Mäusefang gehen. Die Katzen der Piazza Argentina versammeln sich und warten auf die Weiblein mit den liebevoll gefüllten Tütchen. Die Katzen von San Camillo legen sich auf den Blumenbeeten und kleinen Wegen bereit, unter jedem Fenster eine, in der Hoffnung, dass das Abendessen nicht schmeckt und die Kranken es hinunter werfen, ohne dass die Schwester es merkt. Und die streunenden Katzen, die früher Menschen waren, erinnern sich an die Zeit, als sie Lastwagen fuhren, an der Drehbank standen, auf der Schreibmaschine schrieben und schön und verliebt waren.

Carlino, Carlo, Carlino
ovvero
Come far perdere ai bambini certe cattive abitudini

– Ecco il suo Carlino, – dice l'ostetrica al signor Alfio, presentandogli il maschietto appena arrivato dalla clinica.

«Macché Carlino, – sente strillare il signor Alfio, – basta con questa mania dei diminutivi. Chiamatemi Carlo, Paolo o Vercingetorige. Chiamatemi magari Leopardo, ma che sia un nome sano. Mi sono spiegato?»

Il signor Alfio osserva perplesso il bambino, che non ha aperto bocca. Quelle parole gli sono risuonate direttamente nel cervello. Anche la levatrice ha sentito: – Toh, – dice, – cosí piccolo è già capace di trasmettere il pensiero.

«Brava – commenta la vocina, – non posso mica parlare con le corde vocali se non le ho ancora formate».

– Bè, – dice il signor Alfio, sempre piú perplesso, – mettiamolo nella culla, poi si vedrà.

Lo mettono nella culla, vicino alla madre addormentata. Il signor Alfio va un momento di là a ordinare alla figlia maggiore di spegnere la radio, per non dare fastidio al pupo. Ma il pupo gli trasmette un messaggio urgente, precedenza assoluta: «Papà, cosa ti salta in mente? Mi vai a interrompere proprio la sonata di Schubert per arpeggione...»

– Arpeggione? – ripete il signor Alfio. – A me sembrava un violoncello.

«Naturale che era un violoncello. È cosí che eseguono adesso questa composizione dettata da Schubert nel 1824. In La minore, per essere precisi. Ma lui l'aveva fatta per l'arpeggione: una specie di chitarrone a sei corde inventato l'anno prima a Vienna da Johann Georg Staufer. Questo strumento, chiamato "gui-

Carlino, Carlo, Carlino
oder
Wie man Kindern bestimmte Unarten abgewöhnt

«Hier ist Ihr Carlino», sagt die Geburtshelferin zu Signor Alfio und zeigt ihm den soeben aus der Klinik angekommenen Buben.

Signor Alfio hört ein Gebrüll: «Was heißt hier Carlino?! Genug mit diesem Verkleinerungsfimmel. Nennt mich Carlo, Paolo oder Vercingetorix – Oder nennt mich noch lieber Leopardo. Hauptsache es ist ein richtiger Name. Habt ihr mich verstanden?»

Verblüfft schaut Signor Alfio das Kind an, das nicht seinen Mund aufgemacht hat. Diese Worte sind unmittelbar in seinem Gehirn ertönt. Auch die Hebamme hat es gehört. «Na sowas», sagt sie, «so klein und schon in der Lage, Gedanken zu übertragen!»

«Na hört mal», erklärt das Stimmchen, «ich kann ja schließlich nicht mit Stimmbändern reden, wenn ich noch gar keine richtigen habe.»

«Schon gut», sagt Signor Alfio immer verblüffter, «legen wir ihn in die Wiege, dann sehen wir weiter.»

Sie legen ihn in die Wiege neben die schlafende Mutter. Signor Alfio geht für einen Augenblick hinüber, um seiner älteren Tochter zu sagen, sie solle das Radio abschalten, damit das Bübchen nicht gestört würde. Aber das Bübchen übermittelt ihm eine dringende Nachricht, die unbedingten Vorrang hat: «Papa, was fällt dir ein? Du unterbrichst mir ausgerechnet die Sonate für Gambe von Schubert...»

«Gambe?» wiederholt Signor Alfio. «Mir kam es wie ein Violoncello vor.»

«Natürlich war es ein Cello. So wird heutzutage die von Schubert 1824 geschriebene Komposition gespielt. In a-moll, um genau zu sein. Aber er hat sie für Gambe geschrieben: eine Art große Gitarre mit sechs Saiten, die ein Jahr zuvor von Johann Georg Staufer erfunden worden war. Dieses Instrument, genannt ‹guitarre d'amour› oder ‹gitarre-violoncell›

tarre d'amour" o "gitarre-violoncell", ebbe scarsa fortuna e vita effimera. Ma la sonata è caruccia assai».

– Scusa, – balbetta il signor Alfio, – come le sai queste cose?

«Santo cielo, – risponde sempre per via telepatica il neonato. – Mi metti sotto gli occhi, là su quello scaffale, un magnifico dizionario musicale: come vuoi che faccia a non vedere che a pagina ottantadue del primo volume vi si parla per l'appunto dell'arpeggione?»

Il signor Alfio ne deduce che il suo figlioletto, oltre a trasmettere il pensiero, sa leggere a distanza in un libro chiuso. Senza neanche aver imparato a leggere.

La madre, quando si sveglia, viene informata degli avvenimenti con molta delicatezza, ma scoppia a piangere lo stesso. Per giunta non ha sottomano un fazzoletto per asciugarsi gli occhi. Allora si vede un cassetto del comò aprirsi da solo, senza rumore, e dal cassetto prende il volo, rimanendo ben piegato, un fazzoletto bianco lavato con Bronk, il detersivo preferito dalla guardarobiera della regina Elisabetta. Il fazzoletto si posa sul cuscino della signora Adele, mentre nella culla il piccolo Carlo si esercita a strizzare l'occhio.

«Piaciuto il giochino?», domanda con la mente agli astanti. La levatrice fugge alzando le mani in direzione del soffitto. La signora Adele sviene seduta stante. Il signor Alfio si accende una sigaretta, poi la butta via: non era questo che voleva fare.

– Figliolo, – dice poi, – stai prendendo delle pessime abitudini, assolutamente contrarie al galateo. Da quando in qua un bambino rispettoso apre i cassetti della mamma, senza chiedere permesso?

In quel momento si affaccia la primogenita Antonia, detta Cicci, in età di anni quindici e mesi cinque. Essa saluta affettuosamente il fratellino:

– Ciao, come stai?

«Bene, in generale. Solo un po' frastornato. Dopo tutto è la prima volta che nasco».

hatte wenig Glück und ein kurzes Leben. Aber die Sonate ist ganz reizend.»

«Entschuldige», stammelt Signor Alfio, «aber woher weißt du diese Dinge?»

«Heiliger Himmel», antwortet, nach wie vor auf telepathischem Wege, das Neugeborene. «Du stellst mir dort auf dem Regal ein wunderbares Musiklexikon vor die Nase! Wie soll ich da nicht sehen, dass auf Seite zweiundachtzig des ersten Bandes genau etwas über die Gambe steht?»

Signor Alfio schließt daraus, dass sein Söhnchen außer Gedanken übertragen auch auf die Entfernung in einem geschlossenen Buch lesen kann, ohne lesen gelernt zu haben.

Nun erwacht die Mutter, und man berichtet ihr sehr vorsichtig von den Ereignissen, aber sie fängt trotzdem zu weinen an. Überdies hat sie kein Taschentuch zur Hand, um sich die Augen zu trocknen. Da sieht man, wie sich eine Schublade der Kommode lautlos von allein öffnet und aus der Schublade ein sauber gefaltetes weißes, mit Bronk – dem bevorzugten Waschmittel der Kammerfrau der Königin Elisabeth – gewaschenes Taschentuch geflogen kommt. Das Taschentuch legt sich auf das Kissen von Signora Adele, während der kleine Carlo in der Wiege Augenzwinkern übt.

«Hat euch das Spielchen gefallen?» fragt er mit seinen Gedanken die Anwesenden. Die Hebamme reckt die Arme zur Decke und flieht. Die Signora fällt sogleich in Ohnmacht. Signor Alfio zündet sich eine Zigarette an, dann wirft er sie weg. Das war es nicht, was er wollte!

«Mein Sohn», sagt er dann, «du bist dabei, dir Unarten anzugewöhnen, die sich mit dem Knigge ganz und gar nicht vertragen. Seit wann öffnet ein anständiges Kind die Schubladen der Mama, ohne um Erlaubnis zu fragen?»

In diesem Augenblick erscheint die Erstgeborene Antonia, genannt Cici, fünfzehn Jahre und fünf Monate alt. Sie begrüßt zärtlich das Brüderchen:

«Hallo, wie gehts?»

«Im allgemeinen gut. Nur etwas durcheinander. Schließlich ist es das erste Mal, dass ich auf die Welt komme.»

– Accipicchia, parli con il pensiero? Sei proprio fico. Mi dici come fai?

«È semplicissimo: quando hai voglia di parlare, invece di aprire la bocca la chiudi. È anche piú igienico».

– Carlo! – esclama il signor Alfio, molto indignato, – non cominciare fin dal primo giorno a corrompere tua sorella, che è una ragazzina perbene.

– Dio mio, – sospira la signora Adele, rinvenendo, – chissà che cosa dirà la portiera, chi sa che cosa dirà mio padre, funzionario di banca di antico stampo e di severo costume, ultimo discendente di una stirpe di colonnelli di cavalleria!

– Bè, – dice la Cicci, – ti saluto, vado a fare il compito di matematica.

«Matematica? – domanda Carlo, riflettendo. – Ah, ho capito. Euclide, Gauss, quella roba là. Ma se usi il testo che tieni in mano, guarda che la soluzione del problema numero 118 è sbagliata: la X non è uguale a un terzo, ma a due quarantatreesimi».

– E si permette già di criticare i testi scolastici, come i giornali di sinistra, – commenta amaramente il signor Alfio.

Egli sta raccontando ogni cosa al medico di famiglia nel suo studio, mentre in anticamera la signora Adele intrattiene il pupo Carlo.

– Eh, – sospira il dottor Fojetti, – non c'è piú religione! Chi sa dove andremo a finire: tutti questi scioperi... Adesso poi con l'Iva ne vedremo delle belle. Non si trova piú una domestica; alla polizia proibiscono di sparare; i contadini non vogliono allevare conigli... Provi a chiamare l'idraulico, poi mi dirà. Bè, infermiera, faccia entrare.

Appena entrato, Carlo intuisce, da alcuni sintomi che lui solo riesce a notare, che il dottor Fojetti è vissuto diversi anni a Zagabria; perciò gli rivolge la parola in croato (mentalmente, si capisce): «*Dok-*

«Mensch Meier, sprichst du mit den Gedanken? Du bist wirklich stark. Sagst du mir, wie du das machst?»

«Es ist ganz einfach: Wenn du etwas sagen möchtest, machst du den Mund zu statt auf. Das ist auch viel hygienischer.»

«Carlo!» beschwert sich Signor Alfio sehr ärgerlich, «fang nicht schon am ersten Tag an, deine Schwester, die ein anständiges Mädchen ist, zu verderben.»

«Mein Gott», schluchzt Signora Adele, als sie wieder zu sich kommt, «was wird wohl die Hausmeisterin sagen, was wird wohl mein Vater sagen, Bankbeamter alten Stils und strenger Bräuche, letzter Nachkomme aus einem Geschlecht von Reiter-Obersten!»

«Also», sagt Cicci, «ich verabschiede mich; ich gehe jetzt meine Mathe-Aufgaben machen.»

«Mathe?» fragt Carlo nachdenklich. «Ach, ich verstehe: Euklid, Gauß und so Zeugs. Aber wenn du das Aufgabenheft benutzt, das du in der Hand hältst, dann beachte, dass die Lösung der Aufgabe 118 falsch ist: X ist nicht gleich ein Drittel, sondern gleich zwei Dreiundvierzigstel.»

«Er erlaubt sich bereits die Schulbücher zu kritisieren wie die linken Zeitungen», beschwert sich Signor Alfio bitter.

Und während er alles dem Hausarzt in seinem Arbeitszimmer erzählt, unterhält Signora Adele im Vorzimmer das Bübchen Carlo.

«Tja», seufzt Doktor Fojetti, «es gibt keine Religion mehr! Wer weiß, wo wir noch einmal enden werden. All diese Streiks. Und jetzt mit der Mehrwertsteuer wird ganz schön was auf uns zukommen. Man findet keine Hausangestellten mehr. Der Polizei verbieten sie zu schießen. Die Bauern wollen keine Kaninchen mehr züchten... Versuch mal einen Klempner zu kriegen und erzähls mir dann! Nun ja, Schwester, lassen Sie ihn bringen.»

Kaum im Zimmer spürt Carlo an einigen Anzeichen, die nur er bemerken kann, dass Doktor Fojetti einige Jahre in Zagreb gelebt hat. Deshalb wendet er sich auf Kroatisch an ihn (geistig, versteht sich): «*Doktore, vrlo teško probavl-*

tore, vrlo teško probavljam; čelto, osjećam Kiseli ukus: osobito neka jela ne mogu probaviti».

(Traduzione: Dottore digerisco con difficoltà; ho spesso qualche rinvio acido; certi cibi mi sono particolarmente indigesti).

Il dottore, preso di contropiede, risponde nella stessa lingua: – *Izvolite leči na postelju, molim Vas...* (Prego, distendetevi sul lettino).

Poi si dà un pugno in testa per reagire e si mette al lavoro. L'esame completo dura due giorni e trentasei ore. Esso rivela che il giovane Carlo, in età di giorni quarantasette:

– può leggere nel cervello del dottor Fojetti i nomi di tutti i suoi parenti, fino ai cugini di quarto grado, nonché assorbire tutte le conoscenze scientifiche letterarie, filosofiche e calcistiche che vi sono depositate a partire dalla prima infanzia;

– scopre un francobollo del Guatemala nascosto sotto diciotto chili di libri di medicina;

– muove a piacere, con una semplice occhiata, l'ago della bilancia su cui l'infermiera controlla il peso dei malati;

– riceve e trasmette i programmi della radio, compresi quelli a modulazione di frequenza e gli esperimenti in stereofonia;

– proietta su una parete i programmi della televisione, manifestando però una certa insofferenza per *Rischiatutto*;

– cuce uno strappo nel camice del dottore con l'imposizione delle mani;

– osservando la fotografia di un paziente prova un forte mal di pancia e diagnostica, senza sbagliare, una appendicite acuta;

– frigge a distanza, senza gas, una padella di semolino dolce.

Inoltre egli si solleva da terra fino a un'altezza di metri cinque e diciannove centimetri; estrae con la

jam; čelto, osjećam Kiseli ukus: osobito neka jela ne mogu probaviti».

(Übersetzung: Herr Doktor, ich habe Verdauungsprobleme. Ich muss oft sauer aufstoßen. Bestimmte Speisen sind für mich besonders unverdaulich).»

Der Doktor, auf dem falschen Fuß erwischt, antwortet in der selben Sprache: «*Izvolite leči na postelju, molim Vas...*» (Bitte, legen Sie sich aufs Untersuchungsbett).

Dann schlägt er sich mit der Faust an die Stirn, um sich zu sammeln, und macht sich an die Arbeit. Die vollständige Untersuchung dauert zwei Tage und sechsunddreißig Stunden. Sie zeigt, dass der junge Carlo im Alter von siebenundvierzig Tagen:

– im Gehirn des Doktor Fojetti die Namen aller seiner Verwandten bis zu Vettern vierten Grades lesen kann sowie alle wissenschaftlichen, literarischen, philosophischen und fußballerischen Erkenntnisse, die dort seit frühester Kindheit gespeichert sind;

– eine Briefmarke aus Guatemala entdeckt, die unter achtzehn Kilo medizinischen Fachbüchern versteckt war;

– mit einem einfachen Blick, wie es ihm gerade gefällt, die Nadel der Waage bewegt, mit der die Krankenschwester das Gewicht der Kranken überprüft.

– Radioprogramme empfängt und überträgt, selbst die frequenzmodulierten und die in Stereo;

– Fernsehprogramme auf eine Wand projiziert, wobei er jedoch ein gewisses Ungehaltensein bei *Wetten, dass* zeigt;

– durch Auflegen der Hände einen Riss im Hemd des Doktors näht;

– beim Betrachten der Fotografie eines Patienten starke Bauchschmerzen erkennt und völlig zutreffend akute Blinddarmentzündung diagnostiziert;

– ohne Gas einen Topf süßen Griesbrei aus der Entfernung kocht.

Außerdem erhebt er sich über den Boden bis zu einer Höhe von fünf Metern und neunzehn Zentimetern; holt mit

forza della mente una medaglia di Sant'Antonio da una scatola di sigari sigillata con tre rotoli di scotch; fa scomparire dal muro un quadro di Giulio Turcato; materializza una tartaruga nell'armadietto dei medicinali e un tasso barbasso nella vasca da bagno; magnetizza alcuni crisantemi che stanno per morire, restituendo loro i colori giovanili. Toccando un sasso proveniente dagli Urali, recita la storia completa e documentata delle avanguardie russe del Novecento; mummifica pesci e uccelli morti; arresta la fermentazione del vino, eccetera.

– È grave? – domanda la signora Adele, impressionata.

– Un caso quasi disperato, – borbotta il dottor Fojetti. – Se si comporta cosí a quarantasette giorni, figuriamoci a quarantasette mesi.

– E a quarantasette anni?

– Ah, allora sarà già all'ergastolo da un pezzo.

– Che disonore per suo nonno! – esclama la signora Adele.

– E non si può far niente? – domanda il signor Alfio.

– Per prima cosa, – dice il dottore, – si può portarlo di là, mettergli fra le mani questa raccolta completa della «Gazzetta ufficiale» cosí si distrae e non ascolta i nostri discorsi. Almeno speriamo.

– E poi? – insiste il signor Alfio, una volta portata a termine l'operazione «Gazzetta Ufficiale».

Il dottor Fojetti gli bisbiglia nell'orecchio destro per una decina di minuti, dandogli in diretta tutte le istruzioni necessarie, che il signor Alfio trasmette in differita alla signora Adele, nell'orecchio sinistro.

– Ma è l'uovo di Colombo! – esclama giulivo il signor Alfio.

«Quale Colombo? – domanda il telepatico Carlo dall'anticamera, – Cristoforo o Emilio? Cerchiamo un po' di essere precisi nei riferimenti».

der Kraft seines Geistes eine Medaille vom Heiligen Antonius aus einer mit drei Rollen Tesafilm verklebten Zigarrenschachtel; lässt von der Wand ein Bild von Giulio Turcato verschwinden; versetzt eine Schildkröte ins Medizin-Schränkchen und eine Königskerze in die Badewanne; magnetisiert ein paar Chrysanthemen, die am Verwelken sind, und verleiht ihnen wieder frische Farben; erzählt, während er einen aus dem Ural stammenden Stein berührt, die vollständige und dokumentierte Geschichte der russischen Avantgarde des zwanzigsten Jahrhunderts; mumifiziert tote Fische und Vögel; stoppt die Gärung des Weines – und so weiter.

«Ist es ernst?» fragt Signora Adele beunruhigt.

«Ein fast hoffnungsloser Fall», murmelt Doktor Fojetti. «Wenn er sich so mit siebenundvierzig Tagen gebärdet, können wir uns vorstellen, wie es mit siebenundvierzig Monaten ist.»

«Und mit siebenundvierzig Jahren?»

«Ach, bis dahin sitzt er längst im Zuchthaus.»

«Welche Schande für seinen Großvater!» ruft Signora Adele aus.

«Und man kann nichts machen?» fragt Signor Alfio.

«Als Erstes», sagt der Doktor, «kann man ihn mal nach drüben bringen und ihm die vollständige Sammlung des ‹Amtlichen Gesetzblattes› in die Hand drücken, damit er abgelenkt ist und uns nicht zuhört. Hoffen wir es wenigstens.»

«Und jetzt?» beharrt Signor Alfio, nachdem die Sache mit dem ‹Amtlichen Gesetzblatt› erledigt ist.

Doktor Fojetti flüstert ihm etwa zehn Minuten lang ins rechte Ohr, womit er ihm alle notwendigen Anweisungen live sendet, die Signor Alfio dann zeitversetzt der Signora Adele ins linke Ohr überträgt.

«Aber das ist ja das Ei des Kolumbus!» ruft Signor Alfio erfreut.

«Welcher Kolumbus?» fragt der telepathische Carlo aus dem Vorzimmer; «Cristoforo oder Emilio? Versuchen wir doch, etwas genauer in unseren Ausführungen zu sein!»

Il dottore strizza l'occhio al signor Alfio e alla signora Adele. Tutti e tre sorridono e restano zitti.

«Ho chiesto quale Colombo!» protesta il marmocchio, producendo un buco nella parete con l'energia della sua mente comunicante.

E loro zitti come pesci lessi. Dopo un po' il piccolo Carlo, per farsi sentire, è costretto a ricorrere ad altri mezzi di comunicazione e comincia a vagire lamentosamente: – *Uèèè! Uèèè!*

– Funziona! – bisbiglia il signor Alfio al colmo dell'entusiasmo.

La signora Adele afferra una mano al dottor Fojetti e si china a baciarla, esclamando: – Grazie, benefattore nostro! Scriverò il suo nome nel mio diario.

– *Uèèè! Uèèè!* – insiste il piccolo Carlo.

– Funziona! – esulta il signor Alfio, accennando alcuni giri di valzer.

Naturale. Il segreto è tutto lí: basta far finta di non sentire quando Carlo fa la trasmissione ed eccolo costretto a comportarsi come tutti gli altri cristiani e a parlare come l'ultimo degli analfabeti.

I bambini fanno presto a imparare, fanno prestissimo a disimparare. Tempo sei mesi, il piccolo Carlo non si ricorda nemmeno piú di essere stato qualcosa di meglio di una radiolina a transistor.

Intanto dalla casa sono scomparsi tutti i libri, comprese le enciclopedie a puntate. Non avendo mai occasione di fare esercizi di lettura a pagina chiusa, il

Der Doktor zwinkert Signor Alfio und Signora Adele zu. Sie lächeln alle drei und schweigen.

«Welcher Kolumbus, habe ich gefragt!» schimpft das Balg und macht mit der Kraft seines kommunizierenden Geistes ein Loch in die Wand.

Die anderen bleiben stumm wie gekochte Fische. Nach einer Weile ist der kleine Carlo, um sich Gehör zu verschaffen, gezwungen, andere Kommunikationsmittel zu wählen und fängt jämmerlich an zu schreien: «Uäääh! Uäääh!»

«Es klappt!» flüstert Signor Alfio ganz begeistert.

Signora Adele ergreift Doktor Fojettis Hand, beugt sich hinab, um sie zu küssen und ruft aus: «Vielen Dank, Sie sind unser Wohltäter! Ich werde Ihren Namen in mein Tagebuch schreiben.»

«Uäääh! Uäääh!» plärrt der kleine Carlo beharrlich weiter.

«Es klappt!» jubelt Signor Alfio; vor Freude deutet er ein paar Walzerschritte an.

Natürlich. Das ganze Geheimnis ist dies: man braucht nur so zu tun, als höre man nichts, wenn Carlo seine Übertragung macht, und schon muss er sich wie alle anderen Christen benehmen und wie der letzte Analphabet sprechen.

Kinder lernen schnell und verlernen sehr schnell. In sechs Monaten wird der kleine Carlo sich nicht einmal daran erinnern, dass er so etwas wie ein besseres kleines Transistorradio war.

Unterdessen sind alle Bücher, Nachschlagewerke inbegriffen, aus dem Haus verschwunden. Wenn der Balg nie die Gelegenheit hat, das Lesen geschlossener Bücher zu üben,

marmocchio perde questa abilità, tra gli applausi degli astanti. Aveva imparato a memoria la Bibbia, ma la dimentica. Il curato è piú tranquillo.

Per due o tre anni si diverte ancora a sollevare sedie con un'occhiata, a far ballare le marionette senza toccarle, a sbucciare i mandaranci a distanza, a cambiare i dischi sul giradischi semplicemente col mettersi un dito nel naso, ma poi, se Dio vuole, va all'asilo e lí la prima volta che, per rallegrare i suoi amici, mostra come si fa a camminare sul soffitto a testa in giú, lo mettono in castigo in un angolino. Carlo ci resta tanto male che giura di appassionarsi a ricamare farfalle, infilando l'ago nei puntini amorosamente disegnati apposta per lui dalla suora su un pezzetto di tela.

A sette anni va alla scuola elementare e fa comparire uno splendido ranocchio sulla cattedra della maestra, la quale, invece di approfittarne per spiegare gli anfibi saltatori e quanto siano buoni nel brodetto, chiama il bidello e manda Carlo dal direttore. Questo signore dimostra al fanciullo che le rane non sono animali seri e lo minaccia di espulsione da tutte le scuole della Repubblica e del sistema solare, se si permette certi scherzi.

– Posso almeno uccidere i microbi? – domanda Carlo.

– No. Per questo ci sono i dottori.

Mentre riflette su questa importante dichiarazione, Carlo, distrattamente, fa spuntare una rosa nel cestino della carta straccia. Per fortuna riesce a farla sparire prima che il direttore se ne accorga.

– Va', – dice il direttore in tono solenne, mostrando al bimbo la porta col dito indice: gesto del tutto intile, perché nella stanza c'è solo quella porta e sarebbe difficile confonderla con la finestra. – Va', diventa un bambino perbene, e sarai la consolazione dei tuoi genitori.

dann wird er diese Fähigkeit zur Freude der Anwesenden verlieren. Er hatte schon die Bibel auswendig gelernt, vergisst sie aber wieder. Der Pfarrer hat sich schon etwas beruhigt.

Zwei oder drei Jahre lang vergnügt Carlo sich noch damit, Stühle mit einem Blick hochzuheben, Marionetten tanzen zu lassen, ohne sie zu berühren, Apfelsinen aus der Entfernung zu schälen, die Platten auf dem Plattenspieler zu wechseln, indem er sich einfach einen Finger in die Nase steckt, aber dann geht er in den Kindergarten, so Gott will, und dort muss er, nachdem er seinen Freunden, um sie zu erheitern, zum ersten Mal gezeigt hat, wie man mit dem Kopf nach unten an der Decke läuft, zur Strafe in der Ecke stehen. Carlo findet das so schrecklich, dass er beteuert, viel lieber Schmetterlinge zu sticken und die Nadel durch die kleinen Punkte steckt, die von der Schwester extra für ihn liebevoll auf ein Stück Stoff gezeichnet werden.

Mit sieben Jahren geht er in die Grundschule und lässt einen prachtvollen Frosch auf dem Pult der Lehrerin auftauchen, die – anstatt die Gelegenheit wahrzunehmen und die Spring-Amphibien zu erklären und zu sagen, wie gut sie in Soße schmecken – den Pedell ruft und Carlo zum Direktor schickt. Dieser Herr beweist dem Jungen, dass Frösche keine ernst zu nehmenden Tiere sind und droht, ihn aus allen Schulen der Republik und aus dem Sonnensystem hinaus zu werfen, wenn er sich solche Scherze erlaubt.

«Darf ich wenigstens Mikroben töten?» fragt Carlo.

«Nein. Dazu sind die Doktoren da.»

Während Carlo über diese wichtige Erklärung nachdenkt, lässt er geistesabwesend eine Rose im Papierkorb wachsen. Zum Glück gelingt es ihm, sie wieder verschwinden zu lassen, bevor der Direktor es merkt.

«Geh», sagt der Direktor in feierlichem Ton und weist dem Kind mit dem Zeigefinger die Tür: eine völlig unnütze Geste, da das Zimmer nur diese eine Tür hat und man sie wohl schwerlich mit dem Fenster verwechseln würde. «Geh und werde ein anständiges Kind, dann wirst du der Trost deiner Eltern sein.»

Carlo va. Va a casa a fare il compito e lo fa tutto sbagliato.

– Sei proprio uno stupidello, – commenta la Cicci, guardandogli il quaderno.

– Davvero? – esclama Carlo, col cuore in gola per la gioia. – Ma sono già abbastanza stupidello?

Per la contentezza fa comparire uno scoiattolo sul tavolino, ma subito lo rende invisibile per non insospettire la Cicci. Quando la Cicci si ritira nei suoi appartamenti, egli prova a far ricomparire lo scoiattolo, ma non ce la fa. Prova con un porcellino d'India, uno scarabeo stercorario, una pulce. Niente da fare.

– Meno male, – sospira Carlo. – Sto proprio perdendo tutte quelle brutte abitudini.

Difatti ora lo chiamano Carlino e lui non si ricorda nemmeno di protestare.

Carlo geht. Er geht nach Hause, um seine Hausaufgaben zu machen und macht alles falsch.

«Du bist wirklich ein Dummkopf», meint Cicci, als sie in sein Heft schaut.

«Wirklich?» ruft Carlo mit Herzklopfen bis zum Hals vor Freude. «Aber bin ich schon dumm genug?»

Vor lauter Freude lässt er ein Eichhörnchen auf dem Tisch auftauchen, das er aber sofort unsichtbar macht, damit Cicci keinen Verdacht schöpft. Kaum begibt sich Cicci in ihre Gemächer, versucht er das Eichhörnchen wieder her zu zaubern, aber er schafft es nicht. Er versucht es mit einem Meerschweinchen, einem Mistkäfer, einem Floh. Nichts zu machen.

«Gott sei Dank», seufzt Carlo. Jetzt verliere ich wirklich alle diese hässlichen Angewohnheiten.»

Tatsächlich nennen sie ihn jetzt alle Carlino, und es fällt ihm gar nicht mehr ein, sich zu beschweren.

Per chi filano le tre vecchiette?

Dispettosetti, gli dei delle antiche favole. Una volta Giove offende Apollo, magari solo per cavarsi un capriccio. Apollo se la lega al dito e, appena può, gli rende pane per pizza, ammazzando un certo numero di Ciclopi.

Dice: cosa c'entra il burro con la ferrovia e cosa c'entrano i Ciclopi con Giove?

– C'entrano sí, perché sono i suoi fornitori di fulmini. Giove li tiene come la rosa al naso: non c'è nessun'altra ditta che produce fulmini col marchio della buona qualità come quelli. Quando gli vanno a dire che Apollo gli ha sabotato la produzione, Giove si arrabbia sul serio e gli manda un avviso di reato. Apollo si deve presentare per forza, perché Giove è il re degli dei.

– Cosí e cosí, – dice Giove. – Per punizione andrai in esilio sulla terra per sette anni, e per sette anni servirai come schiavo in casa di Admeto, re di Tessaglia.

Apollo fa la sua penitenza senza discutere. È un ragazzo in gamba, sa farsi voler bene; con Admeto ci va d'accordo e diventano amici. Dopo sette anni torna sull'Olimpo. Sulla strada di casa si sente salutare da certe vecchiette che stanno a filare sul balcone.

– Come vanno i reumatismi? – s'informa gentilmente.

– Non ci lamentiamo, – rispondono le tre vecchiette, che poi sono le tre Parche.

(Avete presente? Ma sí quelle tre dee che governano il destino di ogni uomo dalla nascita alla morte. Per ogni uomo filano un filo e quando lo tagliano, zac, quell'uomo là può anche fare testamento).

– Vedo che siete avanti nel lavoro, – dice Apollo.

Für wen spinnen die drei alten Weiblein?

Ziemlich frech, die Götter in den antiken Sagen! Einmal hat Jupiter Apoll beleidigt, wahrscheinlich nur so aus einer Laune heraus. Apoll merkt es sich und zahlt es ihm bei nächster Gelegenheit mit gleicher Münze heim, indem er eine gewisse Anzahl Zyklopen umbringt.

Er sagt: Was hat die Butter mit der Eisenbahn zu tun, und was die Zyklopen mit Jupiter?

«Und ob sie etwas mit ihm zu tun haben! Sie sind nämlich seine Lieferanten für Blitze. Jupiter hegt und pflegt sie wie duftende Rosen: keine andere Firma stellt Blitze mit so einem Qualitäts-Gütesiegel her wie diese. Nun erfährt Jupiter, dass Apoll seine Produktion lahmgelegt hat; er wird ernstlich wütend und schickt ihm einen Strafbefehl. Apoll ist gezwungen zu erscheinen, denn Jupiter ist der König der Götter.

«So und so», sagt Jupiter. «Zur Strafe wirst du für sieben Jahre ins Exil auf die Erde gehen und sieben Jahre lang als Sklave im Hause von Admetos, dem König von Thessalien dienen.»

Ohne zu murren büßt Apoll seine Strafe ab. Er ist ein patenter Kerl und weiß sich beliebt zu machen. Mit Admetos versteht er sich gut und sie werden Freunde. Nach sieben Jahren kehrt er auf den Olymp zurück und wird in der Straße, in der er wohnt, von gewissen alten Weiblein gegrüßt, die auf dem Balkon sitzen und Fäden spinnen.

«Wie gehts mit dem Rheumatismus?» erkundigt er sich freundlich.

«Wir können uns nicht beklagen», antworten die drei alten Weiblein, die nämlich die drei Parzen sind.

(Erinnert Ihr Euch? Aber ja, diese drei Göttinnen, die das Schicksal eines jeden Menschen von der Geburt bis zum Tod bestimmen. Für jeden Menschen spinnen sie einen Faden, und wenn sie ihn abschneiden, zack, dann kann der Betreffende sein Testament machen.)

«Ich sehe, ihr seid schon weit mit der Arbeit», sagt Apoll.

– Eh, già; questo filo l'abbiamo bello che finito. E lo sai di chi è?
– No.
– Ma è il filo del re Admeto. Ne ha ancora per due o tre giorni.

«Accipicchia, – pensa Apollo. – Poveraccio! L'ho lasciato in buona salute ed ecco, già viaggia in riserva».

– Sentite, – dice poi alle vecchiette. – Admeto è amico mio. Non potreste lasciarlo campare ancora qualche annetto?
– E come si fa? – ribattono le Parche. – Noi non si avrebbe niente contro di lui, è una bravissima persona. Ma quando tocca, tocca. La morte deve ricevere il suo tributo.
– Non è mica tanto vecchio, l'Admeto.
– Non è questione di età, tesoro. Ma tu gli sei proprio affezionato?
– Ve l'ho detto, è un amicone.

– Bè, guarda, per stavolta si può fare così: il suo filo lo teniamo in sospeso e in aspettativa. Però a un patto: che qualcun altro accetti di morire al suo posto. Ti va?

«Nun ja. Diesen Faden haben wir so gut wie fertig. Weißt du, wem er gehört?»

«Nein.»

«Es ist doch der Faden von König Admetos! Er hat noch zwei oder drei Tage.»

«Mein Gott», denkt Apoll. «Der Arme! Ich hab ihn bei guter Gesundheit verlassen, und jetzt läuft er schon auf Reserve.»

«Hört mal», sagt er dann zu den alten Weiblein. «Admetos ist mein Freund. Könntet ihr ihn nicht noch ein paar Jährchen leben lassen?»

«Wie soll das gehen?» erwidern die Parzen. «Wir haben an sich gar nichts gegen ihn. Er ist ein sehr guter Mensch. Aber wer dran ist, ist dran. Der Tod muss seinen Tribut erhalten.»

«So alt ist Admetos doch gar nicht.»

«Das ist keine Frage des Alters, Schätzchen. Aber du magst ihn wohl wirklich gern?»

«Ich sag doch: er ist ein ganz dicker Freund von mir.»

«Gut, schau her, für dieses Mal kann man es so machen: Wir heben Admetos' Faden auf und setzen ihn auf die Warteliste. Aber unter einer Bedingung: Jemand anderes muss an seiner Stelle bereit sein zu sterben. Einverstanden?»

– Altroché. E grazie tante.
– Figurati! Per farti piacere, questo e altro.

Apollo non passa neanche da casa per controllare la posta. Torna in terra di volata e acchiappa al volo Admeto, che stava uscendo per andare a teatro.

– Senti, Adme', – gli dice, – cosí e cosí, eccetera eccetera. Insomma, tu sei salvo per un pelo; però bisogna che ci sia un altro funerale. Troverai qualcuno che prenda il posto tuo nella cassa?

– Spero bene, – risponde Admeto, versandosi un bicchierino di roba forte per farsi passare lo spavento. – Sono o non sono il re? La mia vita è troppo importante per lo Stato. Mannaggia, però: mi hai fatto venire i sudori freddi.

– Che ci vuoi fare? È la vita.

– No, no. È proprio il contrario...

– Allora, ciao.

– Ciao, Apollo, ciao. Non ho neanche il fiato per dirti grazie. Ti manderò una cassetta di quelle bottiglie che ti piacevano ai bei tempi.

«Mannaggia, – pensa di nuovo Admeto appena rimasto solo. – Tu guarda cosa mi capita. Meno male che ho delle conoscenze altolocate. Mannaggia!»

Manda a chiamare il suo servo piú fidato, gli racconta come stanno le cose, gli batte la mano su una spalla e gli dice di prepararsi.

– A far che, Maestà?

– E me lo domandi? A morire, si capisce. Non mi negherai mica questo favore! Non sono sempre stato un buon padrone per te? Non ti ho sempre pagato gli straordinari, gli assegni familiari, la tredicesima?

– Certo, certo.

– Volevo ben dire. Dunque, dài, che non c'è tempo da perdere. Tu pensa a morire che io penso a tutto il resto: carro funebre di prima classe, tomba con lapide, pensione alla vedova, borsa di studio per l'orfanello... D'accordo?

«Und ob! Vielen Dank.»

«Gern geschehen! Dir zu Gefallen tun wir doch alles.»

Apoll geht nicht einmal heim, um nach der Post zu sehen. Er flattert auf die Erde zurück und schnappt sich kurzerhand Admetos, der gerade auf dem Weg ins Theater war.

«Hör, Adme», sagt er zu ihm; so und so, und so weiter und so fort. Kurz: du bist grade noch davongekommen. Allerdings muss es ein anderes Begräbnis geben. Meinst du, du findest einen, der deinen Platz im Sarg einnimmt?»

«Ich hoffe doch», antwortet Admetos und schenkt sich ein Gläschen Schnaps ein, um sich von dem Schreck zu erholen. «Bin ich König oder nicht? Mein Leben ist viel zu wichtig für den Staat. Aber verdammt nochmal, mir ist ganz schön der kalte Schweiß ausgebrochen!»

«Was willst du machen? Das ist das Leben.»

«Nein. Nein. Das ist genau das Gegenteil...»

«Also dann, ciao.»

«Ciao, Apoll, ciao. Meine Stimme reicht nicht mal mehr, um danke zu sagen. Ich werde dir einen Kasten von den Flaschen schicken, die dir in guten Zeiten so gemundet haben.»

«Verdammt», denkt Admetos wieder, kaum dass er allein ist. Sieh mal an, was einem so passiert. Gott sei Dank habe ich hochstehende Bekannte. Verdammt nochmal!»

Er lässt seinen vertrautesten Diener rufen, erzählt ihm, wie die Dinge stehen, schlägt ihm mit der Hand auf die Schulter und sagt, er solle sich bereit machen.

«Wozu, Majestät?»

«Das fragst du mich noch? Zu sterben, versteht sich. Diesen Gefallen wirst du mir doch nicht abschlagen! Habe ich dir nicht immer Familienzulage und ein dreizehntes Monatsgehalt bezahlt?»

«Gewiss, gewiss.»

«Das will ich wohl meinen. Also los, es gibt keine Zeit zu verlieren. Du denkst ans Sterben, und ich denke an den ganzen Rest: Leichenwagen erster Klasse, Grab mit Grabstein, Pension für die Witwe, Stipendium für das Waisenkind... Einverstanden?»

– D'accordo, Maestà. Domattina sarà fatto.
– Perché domattina? Mai rimandare a domani quello che si può fare oggi.
– Debbo scrivere delle lettere, lasciare qualche disposizione, fare il bagno...
– Domattina, allora. Ma un po' prestino.
– All'alba, sire, all'alba.

Ma all'alba il servo fedele è già in alto mare, su una nave fenicia che fa rotta per la Sardegna. E non si può neanche far pubblicare la sua fotografia sui giornali, con sopra un bel «Chi l'ha visto?», perché i giornali non sono ancora stati inventati. E neppure le fotografie.

Per Admeto è un colpo al bersaglio grosso, che gli fa venir da piangere. Vatti a fidare dei vecchi servi fedeli nel momento del bisogno.

Admeto chiama una carrozza e si fa portare dai suoi genitori, che vivono in campagna, in un bel villino con il riscaldamento e tutto.

– Eh, – dice, – voi siete i soli che mi volete bene.
– Puoi dirlo forte.
– Siete i soli a cui io possa chiedere tutto, col cuore in mano.
– Vuoi un po' di quei bei ravanelli del nostro orto? – domandano i vecchi, prudentemente.

Quando sentono quello che vuole, si fanno venire il nervoso.

– Admetuccio, – dicono, – noi siamo quelli che ti abbiamo dato la vita e tu adesso, in cambio, vuoi la nostra. Bella gratitudine!
– Ma non vedete che avete già un piede nella fossa?
– Quando toccherà a noi, moriremo. Per adesso non ci tocca: Quando ci toccherà, noi non ti chiederemo di morire al posto nostro.
– Capisco, capisco. È proprio un gran bene che mi volete...

«Einverstanden, Majestät. Morgen früh ist es so weit.»
«Wieso morgen früh? Was du heute kannst besorgen, das verschiebe nicht auf morgen.»
«Ich muss Briefe schreiben, Verfügungen treffen, ein Bad nehmen...»
«Also morgen früh. Aber ziemlich früh.»
«Bei Morgendämmerung, Sire, bei Morgendämmerung.»

Bei Morgendämmerung ist der treue Diener jedoch bereits auf hoher See, auf einem phönizischen Schiff mit Kurs auf Sardinien. Man kann nicht einmal ein Foto von ihm in den Zeitungen veröffentlichen lassen, mit der großen Überschrift «Wer hat ihn gesehen?», weil Zeitungen noch nicht erfunden sind. Und Fotografien auch nicht.

Für Admetos ist es ein ziemlicher Schlag ins Kontor, und ihm kommen die Tränen. Verlass sich einer auf alte treue Diener, wenn er sie braucht!

Admetos ruft einen Wagen und lässt sich zu seinen Eltern bringen, die auf dem Land in einem hübschen Häuschen mit Heizung und allem drum und dran leben.

«Ach», sagt er, «ihr seid die einzigen, die mich mögen.»
«Das kannst du laut sagen.»
«Ihr seid die einzigen, die ich um alles bitten, denen ich mein Herz öffnen kann.»
«Möchtest du ein paar von diesen schönen Radieschen aus unserem Gemüsegarten?» fragen die Alten vorsichtig.

Sowie sie hören, was er will, werden sie nervös.

«Unser kleiner Admetos», sagen sie, «wir haben dir das Leben geschenkt, und im Gegenzug willst du jetzt das unsere. Eine schöne Dankbarkeit!»

«Aber seht ihr denn nicht, dass Ihr mit einem Fuß schon in der Grube seid?»

«Wenn wir dran sind, werden wir sterben. Noch sind wir nicht dran. Wenn wir dran sind, werden wir dich nicht fragen, ob du an unserer Stelle sterben willst.»

«Ich verstehe, ich verstehe. Ihr habt mich wirklich sehr gern...»

– Senti chi parla! Dopo che ti abbiamo lasciato anche il trono e la vigna.

Admeto, distrattamente, prende un ravanello dal piatto che sua madre gli ha messo davanti e se lo ficca in bocca. Poi lo sputa, salta sulla carrozza e torna alla reggia.

Uno dopo l'altro chiama i suoi ministri, generali, ammiragli, ciambellani, maggiordomi, avvocati, consulenti fiscali, astrologi, drammaturghi, teologi, musicisti, cuochi, allenatori di cani da caccia... E loro, uno dopo l'altro:

– Maestà, morirei piú che volentieri per voi, ma ho tre vecchie zie. Che ne sarebbe di loro?

– Sire, anche subito, immediatamente se potessi; ma ho preso le ferie proprio ieri...

– Padrone, abbiate pazienza, debbo finire di scrivere le mie memorie...

– Vigliacchi! – grida Admeto, pestando i piedi. – Avete dunque tanto paura della morte? Vi farò tagliare la testa a tutti quanti. A me non servirà a niente, perché solo un volontario può salvarmi, ma almeno non creperò solo... Faremo una bella processione all'inferno.

Quelli cominciarono a piangere e a battere i denti. Admeto li ficca in cella di rigore dal primo all'ultimo, ordina al boia di affilare la scure e va da sua moglie a farsi fare una spremuta d'arancio, perché gli è venuta sete.

– Alcesti, cara, – le dice con un'aria da vittima, – ci dobbiamo salutare per l'ultima volta. Cosí e cosí, le Parche, eccetera. Apollo è un vero amico e via dicendo; tutti mi vogliono un gran bene, ma in conclusione nessuno ne vuol sapere di morire al mio posto.

– E solo per questo sei tanto disperato? A me non hai ancora chiesto nulla.

– A te?

«Hör dir das an! Und das, nachdem wir dir Thron und Weinberge überlassen haben.»

Admetos nimmt geistesabwesend ein Radieschen von dem Teller, den seine Mutter ihm hingestellt hat, und steckt es sich in den Mund. Dann spuckt er es aus, springt auf den Wagen und kehrt in den Königspalast zurück.

Er ruft seine Minister, Generäle, Admirale, Kammerherrn, Haushofmeister, Rechtsanwälte, Steuerberater, Astrologen, Theaterleute, Theologen, Musiker, Köche, Jagdhundeabrichter, einen nach dem anderen... Und sie antworten, einer nach dem anderen:

«Majestät, liebend gern würde ich für Euch sterben, aber ich habe drei alte Tanten. Was soll aus ihnen werden?»

«Sire, meinetwegen gleich, sofort, wenn ich könnte; aber ich habe ausgerechnet gestern Urlaub genommen...»

«Herr, haben Sie Geduld, ich muss meine Memoiren zu Ende schreiben...»

«Feiglinge!» schreit Admetos und stampft mit dem Fuß auf. «Habt ihr denn alle so viel Angst vor dem Tod? Ich lasse euch allesamt den Kopf abschlagen. Mir wird es nichts nützen, denn nur ein Freiwilliger kann mich retten, aber wenigstens werde ich nicht allein krepieren... Wir werden eine schöne Prozession in die Hölle machen.»

Da fangen alle an zu heulen und mit den Zähnen zu klappern. Admetos steckt sie vom ersten bis zu letzten in die Arrestkammer, befiehlt dem Henker die Axt zu schärfen und geht zu seiner Frau, um sich eine Orange auspressen zu lassen, weil er Durst bekommen hat.

«Alkestis, Liebste» sagt er zu ihr mit Opfermiene, «wir müssen zum letzten Mal Abschied nehmen. So und so, die Parzen, und so weiter. Apoll ist ein wahrer Freund und dies und das. Alle haben mich sehr gern, aber letzten Endes will niemand etwas davon wissen, an meiner Stelle zu sterben.»

«Und allein deswegen bist du so verzweifelt? Mich hast du überhaupt noch nicht gefragt.»

«Dich?»

– Ma certo! Morirò io al posto tuo. È cosí semplice.

– Tu sei matta, Alcesti! Non pensi al mio dolore. Non pensi come piangerei ai tuoi funerali?

– Piangerai, e dopo ti passerà.

– No che non mi passerà.

– Ma sí, ti passerà e vivrai ancora tanti anni felice e contento.

– Dici?

– Te l'assicuro.

– Allora... Quand'è cosí... Se proprio vuoi...

Si dànno il bacio dell'addio, Alcesti va nella sua camera e muore. La reggia risuona di pianti e di strida. È Admeto quello che piange piú forte di tutti. Comunque, fa rimettere in libertà i ministri, cuochi e compagnia; ordina di suonare le campane a morto e di esporre le bandiere a mezz'asta; chiama un'agenzia di pompe funebri e si mette d'accordo per i funerali. È lí che discute sulle maniglie della cassa, quando ecco un servo gli viene ad annunciare un ospite.

– Ercole, vecchio mio!

– Ciao, Admeto. Passavo di qui per andare a rubare le mele d'oro nel Giardino delle Esperidi e ho pensato di farti un salutino.

– E hai fatto benone! Guai a te se non ti facevi vivo.

– A proposito, – dice Ercole, – vedo che siete in lutto.

– Sí, – dice Admeto in fretta. – È morta una donna. Ma non c'è motivo che ti rattristi. L'ospite è sacro. Ti faccio preparare un bel bagno, poi ceneremo e parleremo dei bei vecchi tempi.

Il buon gigante va a fare il bagno. Ne ha proprio bisogno. Sempre in giro a compiere eroiche fatiche, ad ammazzare mostri, a pulire stalle, a fare ogni sorta di lavori pesanti e difficili, è tanto se vede una

«Aber ja! Ich werde an deiner Stelle sterben. Das ist doch ganz einfach.»

«Du bist verrückt, Alkestis! Du denkst nicht an meinen Schmerz. Denkst du denn gar nicht daran, wie sehr ich an deinem Begräbnis weinen würde?»

«Du wirst weinen, aber das wird vergehen.»

«Nein, das wird nicht vergehen.»

«Aber natürlich wird es vergehen, und dann wirst du noch viele Jahre glücklich und zufrieden leben.»

«Meinst du?»

«Ich versichere es dir.»

«Also... wenn es so ist... wenn du unbedingt willst...»

Sie geben sich den Abschiedskuss, Alkestis geht in ihr Zimmer und stirbt. Der Königspalast ist erfüllt von Tränen und gellenden Schreien. Und Admetos weint am lautesten von allen. Immerhin lässt er die Minister, Köche und die ganze Gesellschaft frei. Er befiehlt, die Totenglocken zu läuten, und die Fahnen auf Halbmast zu setzen. Er wendet sich an ein Begräbnisinstitut und trifft die Vereinbarungen für das Begräbnis. Während er dort gerade bespricht, welche Griffe an den Sarg sollen, kommt ein Diener auf ihn zu, um einen Gast anzukündigen:

«Herkules, alter Freund!»

«Hallo, Admetos. Ich bin gerade hier vorbeigekommen, um die goldenen Äpfel im Garten der Hesperiden zu stehlen, und da beschloss ich, dir kurz Guten Tag zu sagen.»

«Das hast du gut gemacht! Weh dir, wenn du dich nicht gerührt hättest!»

«Aber äh», sagt Herkules, «ich sehe, ihr seid in Trauer.»

«Ja», sagt Admetos kurz angebunden. «Eine Frau ist gestorben. Aber kein Grund für dich zu trauern. Der Gast ist heilig. Ich lasse dir ein schönes Bad richten, dann essen wir zu Abend und reden über die schönen alten Zeiten.»

Der gute Riese geht, um ein Bad zu nehmen. Er hat es wirklich nötig. Immer unterwegs, um mühselige Heldentaten zu vollbringen, Ungeheuer zu töten, Ställe zu reinigen, jede Art von schwerer und schwieriger Arbeit zu er-

vasca da bagno una volta all'anno. Mentre si gratta la schiena con la spazzola, comincia a cantare la sua canzone preferita, quella che fa:

> Ercole
> per Ercole,
> sei forte come un Ercole,
> sei...

– Signore, – gli sussurra un cameriere, – non dovreste cantare, quando la nostra buona padrona è morta.
– Cosa? Chi è morto!?
Insomma, Ercole viene a sapere tutto e si meraviglia assai che Admeto non gli abbia detto come stanno le cose. Povera Alcesti! E povero Admeto! Gli viene quasi da piangere, se ci pensa...
– Macché piangere, – dice poi, saltando fuori dalla vasca. – Questo è il momento di darsi da fare. Ehi coso... Cameriere! Trovami la mia clava. Debbo averla lasciata giú nel portaombrelli.
Ercole acchiappa la clava, corre al cimitero e si nasconde presso la tomba destinata ad Alcesti. Quando vede venire la Morte, le salta addosso senza paura e comincia a legnarla con la clava. La Morte si difende a colpi di falce, ma, siccome è intelligente, ci mette poco a capire che Ercole è piú forte di lei e batte in ritirata per non finire al tappeto.
Il gigante ci fa su una bella risata e torna alla reggia, cantando. Per la strada la gente lo guarda male, perché canta mentre il paese è in lutto. Ma lui sa quello che si fa.
– Admeto! Admeto! Ce l'ho fatta!
– Che c'è, Ercole?
– Ho fatto scappare la Comare Secca. Alcesti vivrà!
Admeto diventa bianco che piú bianco non si può. Tutta la sua paura gli ricasca addosso a valanga. Sen-

ledigen; es ist viel, wenn er einmal im Jahr eine Badewanne sieht. Während er sich den Rücken mit der Bürste schrubbt, singt er sein Lieblingslied, und das geht so:

Herkules
für Herkules,
du bist stark wie ein Herkules,
du bist ...

«Signore», flüstert ihm ein Kammerdiener zu, «Sie sollten nicht singen, da doch unsere gute Herrin gestorben ist.»

«Was? Wer ist gestorben?»

So erfährt Herkules alles und wundert sich sehr, dass Admetos ihm nicht gesagt hat, was los ist. Arme Alkestis! Und armer Admetos! Ihm kommen fast die Tränen bei dem Gedanken...

«Was heule ich hier eigentlich», sagt er dann und springt aus der Wanne. «Dies ist der Augenblick des Handelns. Hallo, äh... Kammerdiener! Such mir meinen Knüppel. Ich muss ihn unten im Schirmständer gelassen haben.»

Herkules schnappt sich den Knüppel, rennt zum Friedhof und versteckt sich in der Nähe des für Alkestis bestimmten Grabes. Als er den Tod kommen sieht, wirft er sich furchtlos auf ihn und verprügelt ihn mit dem Knüppel. Der Tod wehrt sich mit Sichelhieben, aber da er klug ist, merkt er ziemlich bald, dass Herkules stärker ist als er und macht sich aus dem Staub, um nicht auf der Matte zu landen.

Der Riese bricht in ein großes Gelächter aus und kehrt singend in den Königspalast zurück. Auf der Straße wird er von den Leuten böse angeschaut, weil er singt, während das Land trauert. Aber er weiß, was er tut.

«Admetos! Admetos! Ich habs geschafft!»

«Was, Herkules?»

«Ich habe Gevatter Tod in die Flucht geschlagen. Alkestis wird leben!»

Admetos wird weiß, weißer gehts nicht. Wie eine Lawine überfällt ihn wieder seine ganze Angst. Er hört Schritte. Er

te dei passi. Si volta... È Alcesti viva, che gli viene incontro quasi con l'aria di chiedergli scusa...

– Ma non siete contenti? – domanda Ercole perplesso. – Dài, facciamo un po' di allegria.

Macché, pare che il funerale cominci adesso. Admeto si lascia cadere su una poltrona e trema che fa pena a guardarlo. Alcesti tiene gli occhi bassi.

– Ma, insomma, – dice Ercole, asciugandosi il sudore, – credevo di farvi un piacere e pare che vi ho fatto un dispetto. Al giorno d'oggi, con gli amici, non si sa piú come comportarsi. Bè, sentite, io vi saluto e sono... Scrivetemi ogni tanto.

Ercole se ne va imbronciato, agitando la clava. Admeto tende l'orecchio. Gli sembra di sentire un rumorino lontano lontano... Lassú, sul loro balcone, le tre vecchiette filano.... filano... chi sa per chi...

dreht sich um... Es ist die lebendige Alkestis, die ihm fast wie um Verzeihung bittend entgegen kommt...

«Aber freut ihr euch denn nicht?» fragt Herkules verblüfft. «Kommt, lasst uns ein wenig fröhlich sein!»

Von wegen, es sieht so aus, als finge das Begräbnis gerade an. Admetos lässt sich in einen Sessel fallen und zittert, dass einem der Anblick weh tut. Alkestis hält die Augen gesenkt.

«Tja, also», sagt Herkules und wischt sich den Schweiß ab, «ich dachte euch einen Gefallen zu tun, doch es scheint, ich habe euch Ärger bereitet. Heutzutage weiß man bei Freunden nicht mehr, wie man sich verhalten soll. Nun, ich grüße euch und verbleibe... Schreibt mir mal.»

Herkules geht mürrisch, den Knüppel schwingend, davon. Admetos spitzt die Ohren. Ganz von Ferne meint er ein Geräusch zu vernehmen... Da oben auf ihrem Balkon spinnen die drei alten Weiblein... spinnen... wer weiß für wen...

Gianni Rodari (1920-1980) ist ein in Italien und in vielen anderen Ländern – nur noch nicht bei uns – berühmter Autor, der die moderne italienische Jugendliteratur wesentlich mitgeprägt hat. 1970 ist ihm der Hans-Christian-Andersen-Preis verliehen worden.

Der editorischen Korrektheit halber vermerken wir, dass der Autor für den zu erwartenden Untergang Venedigs das Jahr 1990 angesetzt hat. Wir haben, doch wohl in seinem Sinne, daraus 2000 gemacht.
 Leser, die mit der Geschichte des Alten Rom vertraut sind, werden uns den Hinweis (für die anderen) nicht verübeln, dass Julius Caesar mit Vornamen Gaius hieß.